Marcel Reding   Die Struktur des Thomismus

D1704327

1.95

Gestartet in einer Periode leidenschaftlicher Diskussion über die möglichen Wege einer Hochschulreform, will die Sammlung »rombach hochschul paperback« als Beitrag zur Überwindung der Misere an den Universitäten verstanden sein. Auf ihrem Programm stehen durchweg Grund- und Einführungsvorlesungen aus allen natur- und geisteswissenschaftlichen Lehrfächern. In handlichen und preiswerten Ausgaben erscheinen jährlich an die zwanzig Vorlesungen aus deutschsprachigen Universitäten.

Die neue Reihe will die Vorlesungen nicht ersetzen, sondern ergänzen. Den akademischen Lehrern bietet sie die Möglichkeit, den mündlichen Vortrag sowohl zu entlasten als auch zu vertiefen; den Studenten liefert sie authentische Arbeitsunterlagen, die vom Zwang andauernden Mitschreibens befreien und den Rückgriff auf die oft unzuverlässigen »Skripten« überflüssig machen. Während die großen Lehrbücher für Studenten kaum erschwinglich sind und überdies angesichts der Akzeleration wissenschaftlicher Erkenntnis immer rascher veralten, sind die Bände der Sammlung »rombach hochschul paperback« bewußt auf die Bedürfnisse der Studierenden zugeschnitten und so konzipiert, daß sie den Erfordernissen der einzelnen Lehrgegenstände maximal entgegenkommen und in den häufig notwendigen Neuauflagen jeweils auf den letzten Stand gebracht werden können.

Über die für jede akademische Ausbildung unumgängliche Vermittlung von Fakten und Methoden hinaus bietet die Sammlung »rombach hochschul paperback« den Studierenden repräsentative Beispiele wissenschaftlicher Argumentation und Orientierung, die zur begrifflichen Schulung und Durchdringung des Wissensstoffes, vor allem aber zum kritischen Mit- und Weiterdenken stimulieren wollen.

Hervorgegangen aus Vorlesungen und bestimmt zur Vertiefung des in Vorlesungen erworbenen Wissens, sind die Bände der Sammlung »rombach hochschul paperback« eine authentische Dokumentation akademischen Unterrichts in einer Gesellschaft, die wie nie zuvor auf Wissenschaft, Forschung und Bildung angewiesen ist.

Marcel Reding

Die Struktur des Thomismus

Verlag Rombach Freiburg

© 1974 Rombach+Co GmbH, Verlagshaus in Freiburg. 1. Auf-
lage 1974. Alle Rechte vorbehalten. Gesamtherstellung durch
das Druckhaus Rombach+Co, 78 Freiburg, Lörracher Straße 3.
Printed in Germany.   ISBN 3-7930-0989-0

Inhalt

Hauptsächliche Abkürzungen

S. Th.   Summa Theologica des hl. Thomas
S. c. G.   Summa contra Gentiles
Sent.   Sentenzenkommentar

Der Sentenzenkommentar des Duns Scotus wird entweder nach der von Scotus selbst verfaßten Ordinatio (Ord.) der vatikanischen Ausgabe, Rom 1950 ff., soweit in der neuen Ausgabe vorhanden, zitiert, sonst nach dem Opus Oxoniense (Ox.), das durch Nachschriften von Schülern, Reportationen, ergänzt ist.

Leibniz wird in der Hauptsache zitiert nach C. J. Gerhardt: Die philosophischen Schriften von Gottfried Wilhelm Leibniz. Berlin 1875; Louis Couturat: Opuscules et fragments inédits de Leibniz. Paris 1903; die für unsere Probleme besonders ergiebigen Texte werden angeführt nach Gaston Grua: G. W. Leibniz. Textes inédits. Paris 1948.

1. Kapitel

Überblick über Inhalt und Orientierung der Untersuchung

Zentrale theologische Fragen: wie diese sinnenfällige Welt auf Gott verweist; wie sie in Gott gründet; wie sie ihr Dasein der Schöpfung und der Teilhabe an Gottes Sein verdankt; wie sie durch Gottes Vorsehung und Weltregierung und die Vermittlung des Gottmenschen auf den trinitarischen Gott hingeordnet ist, haben die Scholastiker zu Reflexionen über das Seiende und die Analogie des Seienden veranlaßt, über Materie und Form, Sein und Wesen, Akt und Potenz, über die göttlichen Ideen und die göttliche Weisheit.

Spätere Denker sind am Faktum der Mathematik, der Physik, der Biologie, der Geschichte oder der Gesellschaft orientiert. Die Größe, die Eigenart und geschichtliche Unersetzbarkeit der Scholastik bestehen darin, sich am Problem des christlichen Glaubens ausgerichtet und eine Logik und Metaphysik ausgebildet zu haben, die ein Maximum an Verstehbarkeit christlicher Grundanschauungen anstreben und ermöglichen.

Um die Bedeutung scholastischen Philosophierens bereits von außen her sichtbar zu machen, ist es hilfreich, an einige Bemerkungen Hegels zu erinnern. Scholastisches Philosophieren hat Hegels Wertschätzung genossen und hat ihn auch in Verlegenheit gesetzt. Nach Hegelscher Sicht haben Religion und Philosophie den gleichen Gegenstand, die Religion in der Form der Vorstellung, die Philosophie in der Form des reinen Gedankens, wobei Hegel einräumt, daß die Religion »den Inhalt auch explicite in der Form des Gedankens« hat (Vorlesung über die Geschichte der Philosophie. 1. Bd. Jubiläumsausgabe XVII, S. 95). Der von Hegel behauptete Gegensatz von Religion und Philosophie als Gegensatz von Gedanke und Vorstellung wird angesichts der Patristik und der Scholastik besonders problematisch, wie Hegel selber sieht: »In der persischen und indischen 9

Religion sind sehr tiefe, erhabene, spekulative Gedanken selbst ausgesprochen, ja, es begegnen uns ferner in der Religion ausdrücklich Philosophien, wie zum Beispiel die Philosophie der Kirchenväter. Die scholastische Philosophie ist wesentlich Theologie gewesen. Wir finden hier eine Verbindung oder, wenn man will, Vermischung von Theologie und Philosophie, die uns wohl in Verlegenheit setzen kann« (XVII, S. 95 ff.).

Die Scholastiker erarbeiteten Begriffe und Erkenntnisse, die den Glauben soweit wie möglich verständlich machen und ihn wenigstens als widerspruchsfrei aufzeigen sollten. Sie waren nach Hegel weder Rationalisten noch Supranaturalisten, weder Zerstörer des Glaubens noch dessen bloß autoritäre Vertreter: »Der Supranaturalismus ist in der Religion dem Rationalismus entgegengesetzt, aber er ist der Philosophie in Ansehung des wahrhaften Inhalts verwandt, aber der Form nach verschieden; denn er ist ganz geistlos, hölzern geworden und nimmt äußerlich Autorität zur Rechtfertigung an. Die Scholastiker waren nicht solche Supranaturalisten; sie haben denkend, begreifend das Dogma der Kirche erkannt« (XVII, S. 113). Sie gingen vom Glauben aus und suchten ihn, soweit möglich, zu verstehen, versuchten, philosophische und rein offenbarungsbedingte Elemente an ihm zu unterscheiden. Dabei haben sie die Begriffe des Seins und des Seienden, der Schöpfung und der Teilhabe neu bearbeitet, in Logik und Methodenlehre neue Bahnen gebrochen, kurz, sie haben sich nicht, wie noch vielfach die Kirchenväter, damit begnügt, frühere Philosophien, beispielsweise den Platonismus oder Aristotelismus beziehungsweise Stoizismus, nach stillschweigenden Modifizierungen oder Uminterpretationen in den Dienst des Glaubens zu nehmen. Sie haben eine eigene Begrifflichkeit, eine eigene Logik, Ontologie und Metaphysik geschaffen, die einen selbständigen, originellen Beitrag auf dem Felde der Philosophie darstellen.

Es gibt vielerlei Gestalten scholastischer Reflexion. Unter ihnen ist der Thomismus eine der vorzüglichsten, Thomas von Aquin einer der hervorragendsten Vertreter der Scholastik, wenn nicht der hervorragendste überhaupt. Wir haben uns zu fragen, worin innerhalb der Mannigfaltigkeit scholastischen Denkens die Eigenart der thomistischen Sicht zu suchen ist. Das System des hl. Thomas hat sich im Laufe der Jahrhunderte zum klassischen Thomismus ausgebildet, der zu einem guten Teil bei Thomas vollendet ist, in manchen Stücken jedoch wesentliche Ergänzungen und Abrundungen erfuhr.

Um die Rolle des Aristotelismus im Denken des hl. Thomas, seine Eigenart und manche seiner Zeitbedingtheiten zu verstehen, ist es geboten, im folgenden Kapitel an die Zeit des hl. Thomas zu erinnern.

Das 3. Kapitel zeigt die Anknüpfung des hl. Thomas an die geläufige aristotelische Unterscheidung des Bekannteren und Verständlicheren für uns und des Bekannteren und Verständlicheren an sich. Eine Geschichte dieser Unterscheidung wäre zugleich ein Beitrag zur Geschichte des Gedankens der Vermittlung im philosophischen Denken. Der für uns erste, verstehbarste Gegenstand des Verstandes ist der leerste Begriff des Seienden, verbunden mit dem Wesen einer sinnenhaften Wirklichkeit. Dieser erste Gegenstand des Verstandes ist der Horizont des Verstehens, auf den jedes Mal zurückzugehen ist, wenn noch Unverstandenes für uns verständlich gemacht werden soll. Die Frage nach dem ersten eigentümlichen Gegenstand des menschlichen Verstandes ist bei Thomas grundsätzlich behandelt und beantwortet, sie hat jedoch auf Grund einer Diskussion mit dem Scotismus eine Weiterentwicklung erfahren, die das Wesen des Thomismus in Kontrastierung zum Scotismus besonders deutlich hervortreten läßt. Scotus hat mit Leidenschaft nach dem Ersten in vielerlei Bereichen gefragt: nach dem Ersten auf dem Gebiet der Wirkursächlichkeit, der Zielursächlichkeit, dem Ersten dem Wert nach. Für die Verstandeserkenntnis unterscheidet er drei Erstheiten, *primitates:* das Erste der Zeit nach, das speziellste Wesen, das Erste der Entsprechung (von Verstand und seinem Gegenstand) nach, das Seiende im allgemeinen, und das Erste dem Wertrang nach, Gott. In Anknüpfung an diese scotistischen Unterscheidungen hat der Thomismus, besonders Cajetan als Bahnbrecher, das mit dem Wesen sinnlicher Gegenstände verwachsene Seiende als das Ersterkannte des Verstandes bezeichnet. Es ist ein weiter Weg vom Ersterkannten für uns zum Ersterkannten an sich, für dessen Verständnis der Mensch auf Analogien aus der Sinneswelt angewiesen ist, wie die Sinneswelt für ihre Begründung auf das Verständlichere an sich. Der Erkenntnisprozeß ist der Prozeß der Vermittlung alles Erkennbaren durch das Ersterkannte und der Prozeß der Begründung des Ersterkannten in dem Bekannten an sich.

Die Reflexion auf die Verschiedenartigkeit von Verständlichem an sich und Verständlichem für uns, die unter dem Begriff des Seienden gedacht werden – wobei das Seiende als Begriff nicht von den seienden Wirklichkeiten isoliert werden darf –, zeigt im 4. Kapitel, daß das Seiende teils identisch, teils verschieden ist, weder einfachhin eindeutig noch mehrdeutig, sondern vieleindeutig, analog ist.

Die Analogie zeigt sich plastisch an dem verschiedenen Seinsbau der Wirklichkeiten, die verschiedenen Ebenen angehören. Das Wesen der materiellen Dinge ist aus Stoff und Form zusammengesetzt; die Geistform bedarf zu ihrer Wesensergänzung zwar nicht der Materie, sie ist jedoch (wie das materielle Wesen) auf die Verbindung mit dem Dasein angewiesen, damit aus dem realen Wesen das reale Ding oder die Geistwirklichkeit werde. Im Unterschied zu den übrigen Wirklichkeiten ist die erste Ursache nicht aus Dasein und Wesen zusammengesetzt. Ihr Dasein ist Ihr Wesen und Ihr Wesen Ihr Dasein. Die erste Ursache ist schöpferisch, das Verursachte ist Geschöpf, das am Sein des Schöpfers teilnimmt.

Das 5. Kapitel zeigt, daß die Ursächlichkeit des Schöpferischen keine blinde ist. Sie ist durch Einsicht und durch freien Willen vermittelt, mit anderen Worten durch die göttlichen Ideen (die göttliche Kunst oder die göttlichen Musterbilder) und die göttlichen Beschlüsse, diese oder jene Welt zu schaffen. Die Weise der Ausarbeitung dieser Themen bei Thomas, Scotus und Leibniz zeigt verschiedene Möglichkeiten, das Verhältnis von göttlichem Wesen, göttlichem Verstand und Willen und geschaffener Wirklichkeit zu denken.

Zentrum dieser Überlegungen bei Thomas, Scotus, Leibniz und Hegel ist (6. Kapitel) die göttliche Weisheit, die die Dinge schafft und die geschaffenen Dinge vermittels des ewigen Gesetzes auf ihr Ziel hinordnet. Die Frage nach der göttlichen Weisheit bewegt das Denken der Menschen seit Jahrtausenden. Sie hat in der jüdischen und der klassischen Antike teils ähnliche, teils sehr verschiedene Antworten gefunden. Thomas von Aquin hat, wie die Griechen und Juden vor ihm, Leibniz und Hegel nach ihm – um nur sie zu nennen –, in der Weisheit den Quell von Schöpfung, Vorsehung und Weltregierung gesehen.

Einige grundlegende Begriffe und Thesen, die der Erfahrung und einer sorgfältigen Begriffsanalyse entstammen, bilden in ihrem charakteristischen Zusammenhang die Struktur des Thomismus.

Die klare Sicht dieser Struktur hat sich erst im Laufe der Geschichte des Thomismus herausgestellt. Angelegt ist sie bei Thomas in seinen Erörterungen zum Seinsbegriff und in seiner Lehre vom eigentümlichen Gegenstand des menschlichen Intellekts. An die Behauptung des Aquinaten: der erste und bekannteste Gegenstand des Intellekts sei das Seiende, innerhalb dessen und in den er alle übrigen Gedankengebilde zerlege, weshalb alle übrigen Gedankengebilde nur in Hinzufügung zum Seienden gefaßt werden könnten (De veritate 1, 1 c. a.), und die andere: der eigentümliche Gegenstand des menschlichen Intellekts, der in Verbindung mit dem Leib steht, sei das Wesen der materiellen Dinge (S. Th. I, 84, 7; vgl. 85, 1; 12, 11), hat sich bald eine lebhafte Auseinandersetzung geknüpft, die für die Entwicklung des Thomismus maßgeblich wurde und in deren Verlauf die Begriffe des Seienden, der Analogie, des Akts und der Potenz, der Materie und der Form, des Daseins und des Wesens, der Teilhabe und der Schöpfung, teils genauer ausgearbeitet wurden, teils sich besser in ihrem Zusammenhang mit dem eigentümlichen und ersten, für den Thomismus charakteristischen Gegenstand des Intellekts zeigten.

2. Kapitel

Thomas von Aquin und seine Zeit

Ein Gedankensystem entspringt, wie ein Bau, einer Zielsetzung, erfordert bestimmte Materialien und weist im Zusammenhang mit der Zielsetzung und den verfügbaren Materialien eine bestimmte Beziehung seiner Elemente und Teile untereinander und zum Ganzen, kurz, eine bestimmte Struktur auf.

Zielsetzung, Materialien und deren Beziehung, das heißt: die Struktur eines Gedankengebäudes entspringt den Bedürfnissen und Möglichkeiten der Zeit, in der es entsteht für eine Zeit, jedoch nicht notwendig nur für diese.[1] Der Wert der großen künstlerischen und wissenschaftlichen Werke, die in gewisser Zeit aus dem Geist einer Zeit entsprungen sind, ist keineswegs an die Zeit ihres Entstehens gebunden, obwohl mancherlei ihrer Züge erst durch die Eigenart der Zeit, in der sie entstanden sind, verständlich wird.

So kann ein Werk des 13. Jahrhunderts keine der vielen Kenntnisse, die seither erarbeitet wurden, vermitteln, wobei man wieder nicht übersehen sollte, daß es manche Tatbestände gibt, wie beispielsweise Bewegung, Kontinuum, Zeit und Raum, die, von einzelwissenschaftlichen Fragestellungen weitgehend unabhängig, einer von dem Gang der einzelnen Wissenschaften mehr oder weniger unabhängigen Behandlung zugänglich sind, deren Ergebnisse dem Relativismus des Fortschritts des Wissens entsprechend weitgehend entzogen sind. Deshalb konnten Bahnbrecher moderner Wissenschaften, wie beispielsweise Leibniz,

---

[1] vgl. z. B. Thukydides, der ein Werk von dauerndem Wert schreiben wollte (Peloponnesischer Krieg I, 22), und das *Monumentum aere perennius* des Horaz. In beiden Fällen hat sich der Anspruch auf Zeitüberlegenheit und Dauer erfüllt.

Bolzano und Cantor[2], für ihre Entdeckungen entscheidende Anregungen bei Denkern der Vergangenheit, insbesondere den großen mittelalterlichen Denkern, finden.

Zeitbedingtheit bedeutet, daß Aussagen, die für eine Zeit angemessen sein mögen, es für eine andere wieder nicht sind. Wie das Verhältnis von Kirche und Staat, Papst und Kaiser, von Christen und Nichtchristen, von Privateigentum und Gemeineigentum, von Geld und Unternehmertum sich seit dem 13. Jahrhundert gewandelt hat, so notwendigerweise auch die diesen Themen entsprechenden Lehren, wobei die Zeitbedingtheit oft der Anwendung eines zeitüberlegenen Prinzips auf eine bestimmte Zeit entspringt. Manche der sozialethischen, politischen, ökonomischen Lehren des Aquinaten, wie die beispielsweise über Privateigentum und Zins, behalten ihren prinzipiellen Wert, wenn man von Akzenten absieht, die an die Zeit gebunden sind. Die Unentschiedenheit in manchen Fragen der Politik, wie beispielsweise in der Frage nach dem Vorrang einer demokratischen, aristokratischen oder monarchischen Verfassung, mag Unentschiedenheit eines ganzen Zeitalters sein.

Daß Thomas Aristoteliker wurde, ist seiner Zeit zu verdanken, die eine Zeit der Entdeckung des Aristotelismus im Abendland war, und daß er mit dieser Begrifflichkeit die Theologie in eine strengere wissenschaftliche Gestalt bringen konnte, als dies vorher der Fall war, hängt mit den Forderungen des Jahrhunderts zusammen.

Unabhängig vom Jahrhundert dürfte beispielsweise die Einsicht sein, daß menschliches Handeln sich durch die Möglichkeit freier Vernunftgemäßheit auszeichnet und daß diese Vernunftgemäßheit sich in einem Meiden des Zuviels und des Zuwenigs äußert. Zugunsten dieser Überlegung, die die Grundlage der Ethik des Aristoteles und des hl. Thomas ist, greift Aristoteles auf Beispiele aus dem Bereich der Gymnastik und Diätetik zurück. Thomas folgt ihm in seinem Kommentar und übt damit auf ethischem Gebiet eine Methode, die, wie im nächsten Kapitel gezeigt werden wird, für alle Fragen metaphysischer und

---

[2] Zu Cantor, der mit Bolzano Begründer der Mengenlehre ist und der entscheidende Impulse von der Scholastik empfangen hat, vgl. Herbert Meschkowski: Probleme des Unendlichen. Werk und Leben Georg Cantors. Braunschweig 1967.

theologischer Natur gilt, gemäß der der eigentliche Gegenstand des menschlichen Intellekts das Seiende in Gestalt körperlicher Wesenheiten ist. Thomas sagt im Anschluß an Aristoteles (1104 a 13–14), daß man sich für die Einsicht in das Wesen der Tugend auf sichtbare Zeugen beziehen müsse, in unserem Falle vergleichsweise auf den Gesundheitszustand des Leibes.[3]

Es zeige sich, daß körperliche Überanstrengung wie körperliche Bewegungslosigkeit gleichermaßen schädlich und zu meiden seien, genauso wie übermäßiges oder zu wenig Essen und Trinken (1104 a 14–18, bei Thomas Nr. 26).

Diese ethischen Überlegungen entstammen einer gewissen Zeit, tragen jedoch Züge, im Gegensatz zu zeitgebundenen, die sie für beliebige Zeiten gültig erscheinen lassen.

Zum Verständnis der zeitgebundenen Motive und Inhalte sei der Hinweis auf einige Grundzüge des 13. Jahrhunderts gestattet. Das Jahrhundert des hl. Thomas von Aquin bedeutet ökonomisch den Ausbau des internationalen Handels und den Beginn des Kapitalismus, sozial die Verstädterung, das Aufblühen des Bürgertums, den Niedergang der Leibeigenschaft, kirchlich das Entstehen neuer Formen der Verkündigung und Verwirklichung des Glaubens, politisch die Entstehung der Nationalstaaten und der Königtümer.

Für den Bestand und den Glauben der christlichen Völker des abendländischen Mittelalters gab es zwei Arten von Bedrohungen: die mongolische und arabische von außen, die häretische im Innern. Von dem Irrtum her gesehen, stehen nach Thomas die Heiden der Wahrheit am fernsten. Zu den Heiden rechnet Thomas (S. Th. II₂, q. 10, 9, 3 praeterea) die Mohammedaner, vielleicht weil sie nicht getauft sind und sich die Bibel nur auswahlweise aneignen. Die Juden stünden der Wahrheit näher, und noch näher die Häretiker. Von der Haltung zu der Wahrheit sei die Häresie schuldvoller als der jüdische Glaube und dieser wieder schuldvoller als das Heidentum, das das Evangelium nicht kennengelernt hat (S. Th. II₂, 10, art. 6). Unter allen Fehlhaltungen erscheint Thomas eine als die schuldvollste nach beiden Seiten: die manichäische. Die Manichäer gehörten durch

---

[3] et ad hoc manifestandum oportet assumere quaedam manufestiora signa et testimonia: scilicet ea quae accidunt circa virtutes corporis quae sunt manifestiores quam virtutes animae (In X libros Ethicorum, 2. Buch, 2. Lect. Ed. Spiazzi. Turin–Rom 1949, Nr. 260).

ihre häretische Haltung zu der verwerflichsten Klasse, und sie überträfen noch den Irrtum der Heiden (qui etiam circa credibilia plus errant quam gentiles [S. Th. II₂, 10, 6 c. a.]).

Die Heraushebung der Verworfenheit des Manichäismus durch Thomas wird verständlich, wenn man bedenkt, daß die manichäischen Ketzerbewegungen des 12. und 13. Jahrhunderts den Bestand der christlichen Gesellschaft bedrohten. Dem Manichäismus gehörten damals einflußreiche Kreise des Adels an, die die Kirche befeindeten und sich Kirchengüter aneigneten. Durch vielerlei Mittel – durch ärztliche Behandlung, Beschaffung von Arbeitsplätzen, durch Gewährung von Darlehen, Einrichtung von Schulen – gewannen die Manichäer weite Volkskreise und isolierten den entmutigten, verängstigten, vielfach verhaßten Klerus. Der hl. Dominikus entging, wie ein Biograph des 13. Jahrhunderts berichtet, bei seinen Predigten gegen die Irrlehre dem Tode durch die Hand seiner Verfolger nur, weil sie seine Bereitschaft zum Martyrium sahen und es ihm deshalb nicht gewährten.[4]

Angesichts der damaligen Bedrohung von Kirche und Gesellschaft und der herrschenden Beurteilung dieser Bedrohung ist das harte Urteil, das Thomas über die Häretiker fällt, zu verstehen: sie verdienten die Exkommunikation, ja selbst den Tod. Denn es sei verwerflicher, den Glauben zu verderben, der das Leben der Seele sei, als Geld zu fälschen, das das zeitliche Leben ermögliche. Wenn Geldfälschung und sonstige Verbrechen hart bestraft würden, müsse es die Häresie ebenso (S. Th. II₂, 11, 3).

Von außen war das christliche Abendland von den Mongolen und Arabern bedrängt.

Dschingis-Khan, dessen Name ursprünglich Temudschin lautete und der sich zunächst gegen rivalisierende Mongolen durchsetzen mußte, konnte 1202 Beherrscher der ganzen Mongolei werden. Eine Versammlung der Stämme, ein Chural, rief ihn 1206 zum Großkhan der ganzen Mongolei aus und gab ihm den Namen Dschingis-Khan, einen Namen, dessen etymologische Bedeutung bis heute ungeklärt geblieben ist.

Mit der Ausrufung Dschingis-Khans zum Großkhan war der Mongolenstaat gegründet, und es folgten sofort vielerlei Angriffe auf die benachbarten Länder. 1215 wurde Peking besetzt,

---

[4] vgl. Jean Guiraud: L'Inquisition Médiévale. Paris 1928, S. 21–66.

1220 Buchara und Samarkand, Aserbeidschan und Georgien. Dschingis-Khan starb 1227. Nachfolger wurde sein Sohn Ögödei 1229. Er eroberte 1237–1238 Moskau, besetzte 1240 Kiew, überschritt die Karpaten, drang 1241 bis nach Polen, in die Tschechoslowakei und nach Ungarn, ja bis vor Venedig vor. 1241 besiegte er bei Liegnitz Heinrich den Frommen, zog sich dann jedoch wieder bis zur Wolga zurück. 1241 starb Ögödei, und nach langen Kämpfen wählte ein Chural Güjük, einen Sohn Ögödeis, zum Großkhan (gestorben 1248), auf den Möngke 1251 folgte. Unter Möngke gelangte das Mongolenreich zu seiner höchsten Machtentfaltung.

Nach beispiellos grausamen Eroberungskriegen führten die Mongolen eine geregelte Verwaltung ein und schufen Frieden unter den Bevölkerungen. Die Großkhane waren religiös-tolerant, vielleicht, um den Zorn der Gottheit zu meiden. Wie es nur einen Gott gebe, so meinte Möngke, gebe es auch nur einen höchsten König auf Erden, der er zu sein beanspruchte.

Papst Innozenz IV. hatte 1245 den Franziskaner Giovanni dal Piano dei Carpini zu Güjük geschickt. 1246 wurde dieser vom Großkhan empfangen, der dem Pater erklärte, seine Gewalt stamme vom Himmelsgott, und er erwarte deren Anerkennung durch den Papst und die christlichen Fürsten. 1294 hat Bonifaz VIII. noch einmal einen Abgesandten zum Mongolenherrscher in Yen-Ching entsandt. Montecorvino erbaute dort eine Kirche, übersetzte die Bibel ins Mongolische und blieb bis zu seinem Lebensende in China. 1253 hatte Ludwig IX. den Franziskaner Wilhelm von Rubruk zu Möngke gesandt, um ihn zu einem Bündnis gegen den ägyptischen Sultan zu gewinnen. Umgekehrt schickte der Großkhan einen Abgesandten, Rabban Sauma, nach dem Abendland, um für ein politisches Bündnis unter den christlichen Fürsten zu werben (1287–1288).

Die Gründung des Mongolenreiches hatte außer der Bedrohung des Abendlandes die Bedeutung, den Zugang Asiens bis nach China hin zu erleichtern. Das war ein Grund dafür, daß Marco Polo die Weisheit Dschingis-Khans und Joinville seine Friedenstätigkeit rühmte.[5]

---

5 vgl. Weltgeschichte. Bd. 3. Red. N. A. Sidorowa. Berlin 1963, S. 589–606; Jacques Pirenne: Les Grands Courants de l'Histoire Universelle. Paris 1946, S. 145–167.

Die mongolische Gefahr für das Abendland war vorübergehend durch Konflikte der Mongolen mit den Arabern verringert. Die sarazenische Bedrohung dagegen dauerte rund tausend Jahre. Seit dem 7. Jahrhundert griffen die Sarazenen Konstantinopel an, das 1453 fiel; 1683 wurden sie in Wien endgültig zum Rückzug gezwungen, 711 überquerten sie die Meerenge von Gibraltar, eroberten Spanien und konnten endlich 732 bei Poitiers zum Stehen gebracht werden. Im 9. Jahrhundert griffen sie Sizilien und Sardinien an, 846 landeten sie in Ostia und bestürmten Rom. Durch die sarazenischen Eroberungen war das Mittelmeer zeitweilig ein arabisches Meer geworden, das Abendland von der Kommunikation mit der Außenwelt abgesperrt, isoliert, zur ökonomischen und geistigen Stagnation, wenn nicht zum Rückgang verurteilt. Die Kreuzzüge haben die Situation verändert. Durch den Kontakt mit der arabischen Kultur und Wissenschaft konnte das Abendland den kulturell wissenschaftlichen Rückstand überwinden und war dadurch in der Lage, auch den christlichen Glauben neu zu überdenken und für eine Auseinandersetzung mit den Sarazenen vorzubereiten.

Bei der Konfrontation des Christentums mit dem Islam standen das Trinitäts- und Inkarnationsdogma im Mittelpunkt. Mohammed anerkannte Moses und Jesus als Propheten, doch er lehnte die Idee der Gottessohnschaft ab. Im Trinitätsgedanken, der seinem strengen Monotheismus widersprach, sah er eine Art von Polytheismus, gegen den sich das Einheitsbekenntnis des Korans (112. Sure) in aller Strenge wendet:

> Sprich: Gott ist Einer,
> ein ewig einer,
> hat nicht gezeugt, und ihn gezeugt hat keiner,
> und nicht ihm gleich ist einer.

Johannes von Damaskus (gestorben um 750) hatte die theologische Diskussion mit dem Islam eröffnet. Die Dominikaner, die sich um die Bekehrung der Juden und Mohammedaner in Spanien und im Heiligen Lande mühten, mußten ein besonderes Interesse an der Bewältigung der strittigen Fragen haben. Thomas hat eine kleine Schrift: De rationibus fidei contra Saracenos, bald nach seiner Summa contra Gentes verfaßt. Die um 1264 vollendete Summa contra Gentes, gegen die Heiden, war auf Anregung Raimunds von Peñafort für die Zwecke der Missionierung der spanischen Mauren geschrieben. Das vierte und letzte Buch dieses Werkes befaßt sich ausschließlich mit Glaubensfragen, die die Kräfte der Vernunft übersteigen: den Geheimnissen der Trinität und der Inkarnation, die die Juden und die Muslims gleichermaßen ablehnten.

Die drei ersten Bücher der Summa contra Gentes geben die Darstellung eines christlich gereinigten Aristotelismus. Der Aristotelismus, der im 13. Jahrhundert ins Abendland drang, war mit arabischen Elementen vermischt und mußte für christliche Zwecke weiterentwickelt werden. Arabische Denker, wie Alfarabi (gest. 950) und besonders Avicenna (980–1037), standen auf dem Boden des Schöpfungsgedankens und hatten die Idee der Zusammensetzung der kontingenten, geschaffenen Dinge aus Wesenheit und Sein erarbeitet. Averroes (gest. 1198), der »Kommentator«, ein Ehrenname, der ihm wegen seiner anerkannten Kommentare der aristotelischen Schriften zugelegt wurde, hatte seiner Philosophie Züge gegeben, die den Aristotelismus auch in christlichen Augen inakzeptabel machen mußten: abgesehen davon, daß er die Unterscheidung von Wesenheit und Sein ablehnte, geriet er mit seiner Lehre von der Einheit des Intellekts, der für sich außerhalb der Individuen existiere, an dem die einzelnen Menschen teilnähmen, durch den sie dächten und der seine Emanationen in sich zurückziehe – daß es also keine persönliche Unsterblichkeit gebe –, in Konflikt mit Sarazenen und Christen. Eine Korrektur, wie sie von seiten des hl. Thomas in seiner Schrift: De unitate intellectus contra Averroistas, von 1269–1270, erfolgte, war nicht nur geeignet, den Arabern einen besseren Aristoteles zu präsentieren, sondern auch notwendig, um den kirchlichen Behörden und den konservativen christlichen Theologen gegenüber den Nachweis zu führen, daß ein Bekenntnis zum Aristotelismus nicht gleichzeitig ein Bekenntnis gegen die persönliche Unsterblichkeit sei.

Die Auseinandersetzung mit dem Islam und mit der arabischen Philosophie erweckte bei der Ostkirche, die ja selbst in ständigem Kontakt mit der islamischen Welt stand, ein großes Interesse, weitgehende Übereinstimmung und zum Teil auch Bewunderung. Demetrios Kydones (1324–1398) übersetzte die Summa contra Gentiles und die Summa Theologica ins Griechische. Georgios Gennadios (gest. nach 1472), erster Patriarch der orthodoxen Kirche unter der Türkenherrschaft,

die Quaestio disputata De spiritualibus creaturis, den Kommentar zu De anima und Texte aus dem Kommentar zur Metaphysik.[6]
Hatte das Mongolenreich dem Abendland den Zugang zu Asien bedeutend erleichtert, so sicherten die Kreuzzüge die Vorherrschaft des Abendlandes im Mittelmeer. Von den sieben großen Kreuzzügen verliefen vier im 13. Jahrhundert. Der vierte Kreuzzug von 1202–1204 führte zur Gründung des lateinischen Kaisertums in Konstantinopel (1204–1261). Friedrich II. erreichte auf diplomatischem Wege 1228–1229 die Abtretung von Jerusalem für zehn Jahre, einen Erfolg, der bald wieder zunichte gemacht wurde, was Anlaß für die zwei folgenden Kreuzzüge Ludwigs des Heiligen (1248–1254 und 1270) wurde.
Außer dem Mittelmeer bildeten Nord- und Ostsee ein zweites wichtiges Handelsgebiet des Mittelalters. Beide Gebiete berührten sich handelsmäßig in Brügge, wohin Venezianer und Genuesen ihre Waren lange Zeit mit eigenen Schiffen aus dem Orient für das Handelsgebiet der Hansa brachten:

»Wenn man sich vor Augen hält, daß an dieses europäische Wirtschaftssystem der weite Osten bis nach Indien auf der einen Seite und bis in das innere Rußland auf der anderen angeschlossen war, so darf man mit Recht von einem *mittelalterlichen Welthandel* reden, der die ganze, damals bekannte Welt umschloß.«[7]

Im frühen Mittelalter hatte es keinen zwingenden Grund zu Städtebildungen gegeben, der Handel war noch unentwickelt. Der Bau von Kaiserpfalzen und von Bischofskirchen, die auf dem Schutt der alten Römerstädte Köln und Mainz, Worms und Regensburg, Hamburg und Salzburg entstanden, war vielleicht das einzige Motiv der Städtegründung. Um die Bischofskirchen legte sich allmählich ein Gürtel von Häusern. In den Städten Burgunds gab es frühzeitig Vorstädte für den Stand der Gewerbetreibenden. Die Häuser der Vorstädte legten sich burgartig aneinander und bildeten so einen Schutzwall mit Tor, das Burgum:

---

6 Zum Islam und zu der arabischen Literatur vgl. u. a. J.-M. Abd El Jalil: Aspects intérieurs de l'Islam. 2. Aufl. Paris 1949, und vom gleichen Verfasser: Brève Histoire de la Littérature Arabe. 2. Aufl. Paris 1946.
7 Hans Hausherr: Wirtschaftsgeschichte der Neuzeit. Weimar 1954, S. 24.

»In den Urkunden der Zeit heißt der alte Kern der Stadt civitas, deren Bewohner cives; die im Burgum Wohnenden heißen Burgenses, woraus unser Wort Bürger und Bourgeois entstanden ist, das mit einer Ritter- oder Herrenburg nichts zu tun hat« (Karl Gruber).

Zu Beginn des 12. Jahrhunderts war die Landwirtschaft infolge neuer Rodungen in Deutschland so ausgebildet, daß sie einen Überfluß an Menschen ernähren konnte und vielfach schon keinen neuen Lebensraum mehr zu bieten vermochte. Damals entwickelte sich der Stand der Gewerbetreibenden schneller, die Bauernsöhne wanderten in die Städte, um Handwerker oder Kaufleute zu werden. Mit der Entwicklung von Handel und Industrie waren die Städte immer mehr auf die Zufuhr von außen und von weit her angewiesen. Venedig bezog Lebensmittel aus Überschußgebieten des Kirchenstaates, Getreide aus der Krim über das Schwarze Meer. Das Wollgewerbe war auf Wolle aus England, auf Baumwolle aus Zypern, Kreta und Sizilien angewiesen, Pfeffer, Nelken, Muskat, Zimt, Ingwer kamen aus Asien und waren über die italienischen Seestädte zu beziehen, während die Hanse Europa mit Pelzen, mit Hanf, Talg, Wachs aus Rußland versorgte. Seit dem Ende des 13. Jahrhunderts belieferte Portugal den englischen Markt mit Portwein, und seit damals verbinden freundliche Beziehungen beide Länder.

Der Handel schuf das Unternehmertum, dieses den Handelskapitalismus, der seinerseits zum Finanzkapitalismus führte. Kapital ist ein Wert, der mehr Wert schafft und gegen die Idee der Gerechtigkeit, der genauen Gleichheit von Leistung und Gegenleistung, verstößt. Dieser Mehrwert wird beim Finanzkapital reiner sichtbar und auch noch anstößiger als beim Handelskapital. Die Zinssätze im Mittelalter waren hoch, häufig 20 Prozent, in seltenen Fällen bis zu 50 und 60 Prozent. Die Zinsnahme widersprach vielen kirchlichen Entscheidungen. Im Anschluß an Aristoteles unterscheidet Thomas von Aquin in seinem Politik-Kommentar Ökonomik, Hauswirtschaft, von Chrematistik, Erwerbskunde, und in bezug auf Erwerb natürlichen, bejahenswerten Erwerb von dem künstlichen, tadelnswerten, durch Zinsnehmen und durch Wechslergewinn.[8]

[8] In Libros Politicorum Aristotelis. Ed. Spiazzi. Turin–Rom 1951, Nr. 97–134.

Die Ablehnung des Zinses bei Thomas entsprang, wie schon bei Aristoteles, der Überlegung, daß Geld kein Geld heckt, daß man für ein Darlehen kein zusätzliches Geld nehmen darf. Genausowenig, wie man, wenn man Wein einkaufe, nicht noch eine eigene Gebühr für den Genuß des gekauften Weines entrichten müsse, genausowenig dürfe eine Gebühr für den Gebrauch des geliehenen Geldes gefordert werden (S. Th. II₂, 78, 1). Freilich anerkennt auch Thomas schon einen Titel dafür, ein Entgelt für ein Darlehen zu nehmen: das Risiko, das *damnum emergens* (ebd., II₂, 78, 2 ad 1). Spätere Scholastiker versuchen, Zins und Wucher zu unterscheiden und dem Darlehen, das als caput und sors bezeichnet wurde, die Dignität des Capitale, des Kapitals, des fruchtbaren und fruchtbringenden Geldes, zu sichern. Wilhelm Hohoff verweist in seinem Buch über »Die Bedeutung der Marx'schen Kapitalkritik« (Paderborn 1908) auf einen ersten spätmittelalterlichen Versuch, die Fruchtbarkeit des Geldes auch theoretisch zu begründen:

»Ein erstes Zugeständnis an die Lehre von der Produktivität des Geldes oder Kapitals findet sich schon in der dem heiligen Thomas zugeschriebenen, aber anerkanntermaßen nicht von ihm herrührenden Schrift: ›De Usuris‹. Hier wird unseres Wissens von einem Theologen zum erstenmal zugegeben, daß Geld mittelbar fruchtbar werden könne. Es liegt alsdann kein ›partus numismatis ex numismate immediate‹ vor, sondern ein ›partus rerum, quae per numismata sunt acquisitae‹.

Man sagte, in gewissen Fällen habe das sonst unfruchtbare Geld die Eigenschaft, nicht bloß einfaches totes Geld zu sein, sondern eine Art von Fruchtfähigkeit zu besitzen, und solches Geld sei eben ›Kapital‹, das heißt Geld, welches ›non solum habet rationem simplicis pecuniae sive rei, sed etiam ultra hoc quandam seminalem rationem lucrosi, quam communiter capitale vocamus‹.

Man kam zu der Ansicht, daß das Geld an und für sich zwar unfruchtbar sei; wenn es aber im Handel angelegt werde, so werde es fruchtbar und könne sich selbst vermehren: ›Pecunia ex se sola minime est lucrosa nec valet seipsum multiplicare; sed ex industria mercantium fit per eorum mercationes lucrosa‹.

Dann aber glaubte man ferner zu finden, daß es auch noch viele andere Geschäfte und Verträge gebe, in denen Geld Geld hecken könne ohne jede Arbeit und Anstrengung des Geldbesitzers oder Kapitalisten. Es gebe nämlich sogenannte ›fruchtbringende Verträge‹ (contractus frugiferi), die wucherlich zu sein schienen und es doch nicht wären (in quibus videtur usura esse et non est). ›Eiusmodi commercia, quibus pecunia paratur pecunia sine labore et industria, videntur in effectu inventa pro vestimento et pallio mutuorum usurariorum, cum capitale sit pecunia, et, illo remanente integro, alia paretur pecunia‹.

Die Lösung dieses Rätsels liege darin, daß durch die sogenannten contractus frugiferi die Natur des Darlehens und die Natur des Geldes verändert werde. Geld ist zwar unmittelbar unfruchtbar, aber mittelbar dennoch fruchtbar; aber doch ist nicht das Geld fruchttragend, sondern der Kontrakt gebiert das Geld« (S. 74–75).

Thomas bekennt sich zu einer sozial gebundenen Privateigentumsordnung, die er auf die Vermehrung der erbsündigen Menschheit (S. Th. I, 98, 1 ad 3) zurückführt. Eine wachsende Menschheit wäre nach Thomas im Urstande bei der Gemeineigentumsordnung geblieben. Der Egoismus, die Faulheit, die Borniertheit des Menschen machen die Privateigentumsordnung zum Gebot (S. Th. II₂, 66, 2). Auf den Gedanken eingehend, die Vermehrung der Menschheit ziehe notwendig die Besitzteilung nach sich und infolgedessen hätte die Menschheit, die dem Naturrecht gemäß in einer Gemeineigentumsordnung gelebt hätte (Isidor von Sevilla, gest. 636), sich nicht vermehren dürfen, antwortet Thomas: »Im jetzigen Zustand muß mit der Vermehrung der Besitzer auch eine Aufteilung des Besitzes stattfinden, weil die Gemeinschaft des Besitzes Anlaß zu Zwietracht ist (Aristoteles). Im Unschuldsstande aber wäre der Wille der Menschen so geordnet gewesen, daß sie ohne jede Gefahr der Zwietracht von allem, was ihrer Herrschaftsmacht unterstand, gemeinschaftlich Gebrauch gemacht hätten, wie es ein jeder bedurfte. Denn das wird ja auch bei uns von vielen guten Menschen so gehalten.«

Die Explosion und Internationalisierung des Handels brachen die frühmittelalterliche Autonomie der Städte, die Vorherrschaft der Zünfte, führten zur Abschaffung der unrentablen Grundherrschaft und der Leibeigenschaft. Durch Verpachtung konnte der

Grundherr mehr aus seinem Lande ziehen, der Bauer, der nicht mehr Leibeigener war, mehr erarbeiten. Die alten, sozialen Bande der Leibeigenschaft zerfielen und schufen den freien Arbeiter, der zum isolierten, schutzlosen Lohnarbeiter, oftmals auch zum Arbeitslosen werden konnte.

In den wirtschaftlich fortgeschrittenen Ländern des Abendlandes ist die Leibeigenschaft früh verschwunden. In Flandern gab es sie praktisch seit dem Ende des 13. Jahrhunderts nicht mehr, 1315 befreite Ludwig X. alle Leibeigenen der Krone, und viele Grundherren folgten ihm. Die Rodungen des 12. Jahrhunderts nahmen ein Ende, desgleichen die deutsche Expansion nach dem Osten.

Gegen Ende des 13. Jahrhunderts ging eine Ära von 400 Jahren zu Ende, während der der Leibeigene im Schutze und auch in der Ausbeutung der Grundherren stand. Die Befreiung isolierte den früheren Leibeigenen, dem allzuoft keine Möglichkeit offenstand, sich eine menschliche Existenz zu schaffen. Der Unterschied zwischen »reich« und »arm« wurde krasser und unerträglicher. Im 14. Jahrhundert begannen die Bauernunruhen und Bauernkriege in Europa.

Die Zinslehre des hl. Thomas weist mit ihrem Zugeständnis, das Risiko des Darlehens erlaube einen berechtigten Zins, in die Zukunft, desgleichen die Eigentumslehre, die neben der sozialen Verantwortung die Notwendigkeit des Privateigentums betont. Die politischen Lehren des Heiligen verbinden ihrerseits Vergangenheit und Zukunft und lassen sich nicht auf einen Nenner bringen.[9]

Im Anschluß an den Ordnungsgedanken Augustins und des Dionysius Areopagita betont Thomas den Vorrang des Papstes vor dem Kaiser. Die Elemente einer hierokratischen Lehre wurden von dem Thomas-Schüler Ägidius Romanus zum System ausgebaut, und das System führte bei Jakob von Viterbo zum erstmaligen Entwurf eines ekklesiologischen Traktats. Die Kommentare zur »Politik« des Aristoteles ließen Thomas die Vorteile einer gemischten Verfassung erkennen, in der monarchische, aristokratische und demokratische Elemente verbunden sind. Im übrigen neigte er zur Monarchie, wie die Schrift De Regno für den König von Zypern zeigt.

---

[9] vgl. M. Reding: Politische Ethik. Freiburg 1972, S. 210–218 u. 236–239.

Das Schwanken des Heiligen in seinen politischen Überzeugungen ist ein Spiegel der Zeit. Der Streit zwischen Papst und Kaiser ging weiter, verlor jedoch rasch an politischer Bedeutung. In den aufblühenden Städten hatten sich allenthalben demokratische Bewegungen gegen den Adel durchgesetzt, konnten sich jedoch auf Grund der andauernden Streitigkeiten zwischen den Parteien, besonders jedoch wegen der wachsenden Ohnmacht der Städte den weiträumigen ökonomischen Entwicklungen gegenüber, nicht halten. Den Königen gehörte die politische Zukunft oder auch mächtigen Finanzmännern und Unternehmern, die ihre Geschäfte mit politischer Macht sicherten. Die Geschichte der Medici, einer im 15. Jahrhundert in Florenz aufgestiegenen Bankiersfamilie, ist dafür ein klassisches Beispiel.

Mit der Öffnung des Abendlandes gegenüber der ganzen damals bekannten Welt öffnete es sich auch den geistigen Strömungen von außen. Die Renaissance des Aristotelismus im 13. Jahrhundert ist für Thomas und den Thomismus der entscheidende Impuls.[10]

Schon im 11. Jahrhundert wurden im Abendland die Kategorienschrift und Perihermeneias gelesen, über Sizilien und Toledo fanden allmählich naturwissenschaftliche Schriften des Aristoteles ihren Eingang. 1210 wurden sie bereits an der Pariser Universität verboten. Von 1242–1247 übersetzt Grosseteste die Nikomachische Ethik, 1252 steht die Lektüre von De anima auf dem Programm der Pariser Universität, seit 1255 wird das Gesamtwerk studiert. Urban IV. verfolgt mit Interesse und Sympathie die Übersetzung des Aristoteles durch Moerbeke und seine Kommentierung durch Thomas in den sechziger Jahren.

Mit dem Rückgriff auf das antike Erbe im 13. Jahrhundert war eine neue Sorge um Bibel und Kirchenväter gepaart. Die Pariser Theologen des 13. Jahrhunderts haben sich um eine genaue Übersetzung des Alten und Neuen Testaments bemüht, die sich Gutenberg für seinen Druck von 1452 zunutze gemacht hat. Hugo von St-Cher (de sancto Charo, gestorben 1264) benutzte den Urtext und verfaßte die erste biblische Wortkonkordanz, während die Franziskaner eine Verbesserung der Bibelüberset-

[10] vgl. M. D. Chenu: Introduction a l'étude de Saint Thomas d'Aquin. Montreal–Paris 1950, S. 28–34.

zung des hl. Hieronymus anstrebten. Petrus Comestor verfaßte eine vielbenutzte biblische Geschichte.

Ambrosius, Augustinus, Hieronymus, Gregor, Chrysostomus und Johannes Damascenus wurden im Original abgeschrieben. Für die mittelalterliche Theologie blieb Augustinus der große Kirchenvater, dessen Denken im Sentenzenbuch des Petrus Lombardus von Generation zu Generation weitergegeben wurde, einem Buch, das dem Laterankonzil von 1215 zugrunde lag und das Grundbuch der vielen Sentenzenkommentare der folgenden Jahrhunderte wurde. Aus dieser Kommentierung entwickelten sich allmählich die Disputationes, die Quaestiones disputatae und die Summen.

In einer Zeit, in der das reiche, bis dahin verschüttete und vergessene Erbe der Antike, der Bibel und der Kirchenväter erst einmal wieder anzueignen war, war der Rückgriff auf Autoritäten eine Notwendigkeit, die Thomas zwar anerkennt, der er in wissenschaftlichen Dingen jedoch nur einen zweiten und dritten Platz einräumt: *auctoritatis minimus est locus.*

Scholastisches Denken ist autoritätsbezogen und systematisch zugleich. Als Beispiel eines biblisch orientierten und systematischen Denkens zugleich sei das Schema einer Predigt zum ersten Sonntag nach Ostern über den Frieden mitgeteilt, die dem hl. Thomas zugeschrieben wird.[11] Die Predigt steht unter dem Spruch:

»Der Friede sei mit euch« (Joh. 20, 31), und führt aus:

»In jenem Evangelium kann man finden, daß der Herr seinen Jüngern seinen Frieden auf dreifache Art anbot, um zu beweisen, daß er uns dreifach notwendig ist. Erstens: mit Gott, worüber Joh. 16, 33: ›In der Welt habt ihr Drangsal zu bestehen, in mir aber Frieden.‹ Zweitens: Der Frieden in uns, worüber Joh. 5, 24: ›Und du wirst wissen, daß dein Zelt Frieden hat.‹ Bernhard: ›Der Friede sei euch von euch‹; und: ›Ihr werdet nicht fürchten, was immer von außen zu drohen scheint, weil es nicht schaden wird.‹ Drittens: Der Friede mit dem Nächsten ist notwendig. Röm. 13, 18: ›Haltet, wo möglich, soviel es in eurer Macht steht, Frieden mit allen Menschen.‹

11 vgl. Sermones et opuscula concionatoria. Ed. Raulx. Vol. I. Ed. Barri-Ducis–Paris–Frb./Helv. 1881, S. 77–78.

Zum ersten Frieden ist zu merken, daß dem, der den Frieden mit Gott haben will, drei Dinge notwendig sind. Erstens, er soll Gott fürchten. Eccli. I, 22: ›Die Krone der Weisheit ist die Furcht Gottes, die den Frieden und die Frucht des Heils erfüllt.‹ Desgleichen im selben Kapitel, V. 27: ›Die Furcht Gottes treibt die Sünde aus.‹ Zweitens: Er soll in Gott seine Hoffnung haben. Isaias 26, 3: ›Du wirst uns den Frieden bereiten, weil wir auf dich gehofft haben.‹ Drittens: Er soll Gottes Geboten gehorchen. Isaias 48, 18: ›Daß du meine Gebote beobachtet hättest; dein Frieden wäre dir wie ein Strom geworden.‹

Zum zweiten Frieden merke, daß drei Dinge notwendig sind für den Menschen, der den Frieden mit sich haben will: erstens, daß er sich Gott ganz unterwirft, Joh. 22, 21: ›Vertraue nur auf ihn, so hast du Frieden.‹ Zweitens, daß er den guten Willen immer bewahrt. Luk. 2, 14: ›Auf Erden Frieden den Menschen guten Willens.‹ Drittens, daß er alle Bewegungen des Gemüts und des Körpers gemäß der Klugheit des Geistes regiert. Röm. 8, 6: ›Die Klugheit des Geistes ist Leben und Frieden.‹ Matth. 5, 9: ›Selig die Friedfertigen.‹ Die Glosse: ›Friedfertig sind alle, die die Bewegungen des Gemüts zusammenstimmen lassen und der Vernunft unterwerfen und denen die Vernunft nicht widerstreitet.‹

Zum dritten Frieden merke, daß drei Dinge dem Menschen notwendig sind, der Frieden mit seinen Mitmenschen haben will. Zuerst, daß er tue, was Gott gefällt. Sprüche 16, 7: ›Wenn die Wege des Menschen Gott gefallen, wird er dessen Feinde auch zum Frieden bekehren‹. Zweitens, daß er kein Unrecht tue. 2. Kor. 6, 3: ›Wir geben niemals Grund zum Anstoß.‹ Ps. 118, 165: ›Die deine Lehre lieben, ernten reichen Frieden.‹ Es ist Gottes Gesetz, daß wir anderen nicht tun, was wir nicht wollen, daß es uns getan werde; daß wir aber das, was wir uns getan zu sehen wünschen, desgleichen anderen tun. Drittens, daß er jedem Gutes tue: Röm. 2, 10: ›Ruhm, Ehre, Frieden jedem Menschen, der Gutes tut.‹

Es gibt aber drei Dinge, die den Frieden am meisten zerstören. Zuerst der Stolz, Joh. 9, 4: ›Wer widerstand ihm und hatte Frieden.‹ Zweitens, Zorn, Eccli. XXVIII, 11: ›Der zornmütige Mensch entfacht den Streit, der Sünder verwirrt die, die Frieden haben.‹ Drittens, jegliche Bosheit, Isaias 48, 22: ›Für die Gottlosen gibt es keinen Frieden.‹

Diese drei Dinge muß also entfernen, der gegenwärtig Frieden mit Gott, mit sich und dem Nächsten haben will, und in Zukunft den Frieden der Ewigkeit, zu dem uns der Herr führen möge.«

Für eine Epoche wirtschaftlicher Unterentwicklung, wie sie seit dem Untergang des Römischen Reichs im Abendland bestand, war die klösterliche Großfamilie benediktinischer Prägung Zentrum und Trägerin des geistlichen, wissenschaftlichen, technischen und ökonomischen Lebens. Die Benediktinerklöster blieben auch in der Folgezeit wertvoll, reichten jedoch für die Verbreitung und Verteidigung des Evangeliums und die Verwirklichung seiner Lehren nicht mehr aus. In der Zeit der Verstädterung, des 13. Jahrhunderts, entstanden deshalb die Bettelorden, die ein neues kirchliches Instrument wurden, Bibel und christliches Leben innerhalb der Stadtbevölkerung zu verbreiten. Thomas von Aquin ist dem einen dieser großen Orden, dem Dominikanerorden, als junger Mann beigetreten.

Nach allgemeiner Annahme ist er 1225 in Roccasecca bei Aquino als Sohn eines Landedelmannes geboren. Über die einzelnen Lebensumstände haben wir bisweilen keine genaueren Angaben, da die ersten Biographen, von Bewunderung für den Heiligen erfüllt, vergaßen, darüber Genaueres zu berichten. Mit 5 Jahren wurde der kleine Thomas nach damals üblicher Sitte wahrscheinlich Oblate der Benediktiner. Das Geschenk einer Mühle sowie von 20 Unzen Gold durch den Vater an das Kloster Montecassino dürfte für diese Verbindung des Sohnes an das Kloster Zeugnis ablegen. 1239 wurde Montecassino im Gefolge der kriegerischen Auseinandersetzungen zwischen Papst und Kaiser Festung, und der Student führte seine Studien in Neapel weiter, wo er zum ersten Mal in Kontakt mit dem Aristotelismus kam. 1243 (1244) trat er in den Dominikanerorden ein, gegen den Willen seiner Familie, die ihn einsperren läßt, um ihn von seinem Vorhaben abzubringen. Auf Grund seiner damals bewiesenen Tugend im Widerstand gegen Verführungskünste sollte er fortan Angelicus heißen. Von 1245 bis 1248 weilt Thomas, wenigstens nach der Auffassung einer Reihe von Thomasforschern, in Paris, nach der Meinung anderer in Köln, von 1248 bis 1252 nach der übereinstimmenden Auffassung in Köln.

1252 wird Thomas Baccalaureus biblicus in Paris, von 1254 bis 1256 liest er als Baccalaureus sententiarius an der dortigen Universität. 1256 wird er Magister in Paris, kann aber auf 29

Grund der Kämpfe der Professoren, die dem Weltklerus angehören, gegen die Ordensgeistlichkeit erst 1257 in sein Lehramt eingeführt werden. Von 1257 bis 1259 lehrt er als Professor in Paris und steht mitten in den Auseinandersetzungen zwischen dem Weltklerus und der Ordensgeistlichkeit, bei denen der Papst die Partei der Ordensleute ergriffen hatte. Von 1259 bis 1268 lehrt er abwechselnd in Orvieto, Viterbo und S. Sabina in Rom.

Von 1269 bis 1272 beginnt eine erneute Pariser Lehrtätigkeit, die mit Kämpfen mit dem Averroisten und theologischen Gegnern, besonders John Peckham, erfüllt ist. Von 1272 bis 1274 lehrt er erneut in Neapel und stirbt 1274 auf der Reise zum Konzil von Lyon im Zisterzienserkloster Fossanova in der Nähe von Rom.

Die Ausarbeitung des Sentenzenkommentars liegt um 1253/55, von De ente et essentia um 1255/56. 1256 beginnt die exegetische Arbeit mit dem Matthäuskommentar, die 1272 mit einem Kommentar zu den Psalmen abgeschlossen wird. 1256 bis 1259 entstehen die Quaestiones disputatae De veritate, 1259 bis 1264 die Summa contra Gentiles, 1266 bis 1273 die Theologische Summe und gleichzeitig von 1266 bis 1273 die Kommentare zu Aristoteles.

Dem jungen Dominikanerorden angehörend, teilt Thomas von Aquin die Schicksale dieses Ordens, bei denen er besonders an den Kämpfen um die Lehrtätigkeit der Ordensangehörigen an der Universität in Paris teilnimmt. Er gerät infolge seiner aristotelischen und fortschrittlichen Einstellung in Gegensatz zu den traditionellen Auffassungen kirchlicher Theologie. 1270 greift der damalige Bischof von Paris, Tempier (1268–1279), gegen den Averroismus in Paris ein und verurteilt Thesen betreffend die Einheit der Vernunft in allen Menschen, die Negation der Freiheit, die Verantwortlichkeit und Unsterblichkeit. Diese Verurteilung hatte einen nur geringen Erfolg. Deshalb erließ Tempier im Jahre 1277 einen Syllabus von 219 verwerflichen Thesen. Der Syllabus richtete sich gegen den Averroismus, betraf und verurteilte jedoch auch berechtigte theologische Auffassungen, so zum Beispiel das thomistische Individuationsprinzip, die thomistische Lehre vom Verhältnis von Leib und Seele. Er war ein Ausdruck traditionellen Denkens gegen den neueindringenden Aristotelismus. Er war teils berechtigt, teils Ergebnis von internen Intrigen, die nicht zuletzt gegen

Albertus Magnus und gegen Thomas von Aquin, der damals schon tot war, gerichtet waren. Erst allmählich schwächte sich die Ablehnung thomistischer Thesen und wuchs die Gegnerschaft gegen den Syllabus.

1323 wurde Thomas heiliggesprochen. 1325 zog der Bischof von Paris die Verurteilung der Thesen durch seinen Vorgänger feierlich zurück. Damit waren wichtige Teile der thomistischen Lehre, die während fünfzig Jahren durch eine kirchliche Autorität verurteilt waren, von dieser kirchlichen Hypothek befreit. Wenn man bedenkt, daß zur Zeit der Zurücknahme der Verurteilung Duns Scotus bereits 17 Jahre tot war, Ockham mitten in seiner Wirksamkeit stand, daß in den fünfzig Jahren der Verurteilung bedeutende neue theologische Lehrsysteme entstanden waren, ist der Syllabus von Tempier für die Entwicklung des Thomismus kaum zu überschätzen.

Die Entwicklung des Thomismus vollzieht sich in folgenden Epochen:

Vom 13. bis 16. Jahrhundert entstehen die Verteidigungen, dann folgen die wörtlichen Kommentare, nach dem Konzil von Trient entstehen im Anschluß an die Methode von Franz Suárez die Disputationen im Geiste des hl. Thomas, und in den letzten hundert Jahren hat sich die historische Forschung zu den systematischen Bemühungen hinzugesellt. Dem historischen Anliegen ist der Unterschied von »thomistisch« und »thomasisch«, dessen, was bei Thomas im Original zu finden ist oder nur bei den späteren Thomisten, zu verdanken. Der Begriff Thomist scheint sich nach Ehrle zuerst bei dem Scotisten Petrus de Aquila (gest. 1361) zu finden.

Zu Thomas bekannten sich die Dominikaner der verschiedenen Nationalitäten, die Augustinereremiten, die Zisterzienser und Karmeliten. Im folgenden können nur einige namhaftere Vertreter der thomistischen Bewegung genannt werden. Für weitere Angaben verweise ich auf die »Illustrierte Geschichte der Philosophie« von Anton Michelitsch, Graz 1933.

Zu den ersten französischen Thomisten gehörten Petrus von Auvergne, der den Politik-Kommentar des Heiligen fortsetzte, Johannes der Schläfer und Herveus Natalis. Unter den ersten Thomisten in Italien seien Reginald von Piperno, Ptolemeus von Lucca, der die Schrift De Regno vollendete, Ägidius Romanus, Jakob von Viterbo, Augustinus Triumphus genannt, in England

Thomas von Sutton. Im 15. Jahrhundert entstammen größer angelegte Werke der Feder von Capreolus und Petrus Niger.

Als im 16. Jahrhundert die Summa Schulbuch geworden war, entstehen die großen Kommentare von Cajetan, Konrad Köllin, Sylvester von Ferrara und Franz von Vitoria.

Nach dem Konzil von Trient wurde Thomas 1567 zum Lehrer der Kirche proklamiert. Auch jetzt werden noch wörtliche Kommentare ausgearbeitet, wie beispielsweise der von Báñez. Die persönlichen Zusammenfassungen der Gedanken von Thomas gewinnen jedoch immer mehr an Boden. Franz Suárez hatte diese Methoden in seinen Disputationes metaphysicae (erstmalig in Salamanca 1597 erschienen) überzeugend eingeführt. Zu den berühmtesten Kommentatoren gehören unter anderem Johannes a S. Thoma (1589–1644), die Salmanticenses, Gonet (gest. 1681), Kardinal Gotti (gest. 1742), Billuart (gest. 1757).

An dieser Stelle sei der thomistischen Universität Salzburg gedacht, die unter Mitarbeit mehrerer Benediktinerklöster am 20. September 1617 von einer Domschule zu einer Hochschule erhoben und am 9. März 1660 Volluniversität wurde. Der Thomismus wurde zur Norm der Lehre an der Universität proklamiert. Die Professoren, die gewöhnlich nur für zwei Jahre berufen wurden, ließen es sich angelegen sein, den Thomismus gegen den Scotismus zu verteidigen. Namhaftere Autoren aus dem Salzburger Kreis waren unter anderem Mattäus Weiss, Karl Jacob, der Abt Augustin Reding, der Kardinal Cölestin Sfondrati, Ludwig Babenstuber, Anselm Desing usw. Im Laufe des 18. Jahrhunderts verweltlichte die Universität. Am 24. Dezember 1811 wurde sie in ein bayrisches Lyzeum umgewandelt.

Im 19. Jahrhundert, in einem Zeitalter des höchsten Verfalls der Scholastik, wurden die Werte des Thomismus von einzelnen wieder neu entdeckt. Unter den Bahnbrechern der Scholastik seien hier nur einige Namen genannt: Buzzetti, Taparelli, Albert Maria Weiss, Franz Jakob Clemens, H. E. Plassmann, Liberatore und Sanseverino, insonderheit Joseph Kleutgen. Die Enzyklika »Aeterni Patris« Leos XIII. vom 4. August 1879 mahnt zur Rückkehr zu Thomas von Aquin, wobei diese Rückkehr nach Leo XIII. kein Sichverschließen vor neuen Erkenntnissen bedeuten dürfe.

1883 schloß sich der Jesuitenorden in der 23. Generalkongregation den Weisungen Leos XIII. an. Seither ist Thomas für die Philosophen und Theologen des Ordens verbindlichere Autorität geworden, als das früher der Fall war. Unter den älteren Thomisten des Ordens seien Sylvester Maurus und Cosmas Allamanus besonders erwähnt, unter den neueren Kleutgen, de Maria, Schiffini, Billot, Remer, Gény.

Während der Franziskanerorden seine scotistische Tradition fortsetzte, baute der Dominikanerorden das Studium des Thomismus an den eigenen Ordenshochschulen und kirchlichen Universitäten, besonders auch an der Universität Freiburg in der Schweiz, aus, zu der angesehene Thomisten, wie Del Prado, Mandonnet, Manser, gehörten. Unter weiteren bekannten Thomisten im Dominikanerorden seien Sertillanges, Garrigou-Lagrange, Chenu, Geiger, Horvath und Ramirez genannt. Chenu und Geiger haben sich besonders mit den historischen Problemen des Thomismus befaßt.

In Deutschland sind im 19. Jahrhundert als Thomisten Stöckl, Morgott und Schneid, Professoren an der Hochschule in Eichstätt, zu nennen. Später haben sich der Benediktinerpater Joseph Gredt und der bekannte Aristotelesforscher Eugen Rolfes auch in Fragen des Thomismus verdient gemacht.

Die Erforschung der mittelalterlichen Geisteswelt, die mit dem Dominikaner Denifle einsetzte und von Bäumker und Grabmann und deren Schule fortgesetzt wurde, förderte die Kenntnis und das Verständnis des Thomismus.

In Belgien ist die thomistische Erneuerung an die Namen des Kardinals Mercier, de Wulfs, Desiré Nys, später de Raeymaekers, van Steenberghens, Verbekes und des Löwener Institut supérieur de Philosophie geknüpft.

In Frankreich sind außer den Dominikanern besonders Maritain und Gilson durch ihre Verdienste um Thomas und den Thomismus bekannt geworden.

Manche Lehrmeinung des hl. Thomas ist tief in das 13. Jahrhundert verwurzelt oder doch durch Probleme des 13. Jahrhunderts veranlaßt. Daß sich das System jedoch durch die Jahrhunderte lebendig und erfolgreich erhielt, zeigt, daß es sich vorwiegend mit wesentlichen Problemen der Philosophie und Theologie sowie des Menschen befaßt und sie auch in vielen Fällen einer glücklichen Lösung zuführen konnte. Unser Augenmerk ist im folgenden mehr auf letztere gerichtet und innerhalb ihrer auf das, was man das Wesen des Thomismus bezeichnen könnte, besser noch seine eigentliche Struktur.

Wesenserkenntnis ist auf allen Erkenntnisgebieten schwer, oft nicht erreichbar. Verdiente Forscher haben sich darum bemüht, das Wesen des Thomismus herauszustellen, und haben dieses Wesen in besonderen Lehrstücken, in der besonderen Ausgestaltung der Akt-Potenz-Lehre, in der Lehre der realen Unterscheidung von Dasein und Wesen gesehen. Daß diese Lehren bei Thomas eine entscheidende Rolle spielen, ist unleugbar – und kann höchstens noch in diesem oder jenem Detail weiter aufgehellt werden. Wenn zwei so bedeutende Forscher, wie Maritain und Gilson, das Wesen des Thomismus in der besonderen Ausgestaltung des Seinsgedankens erkannt haben, ist weiter zu fragen, welcher erkenntnismäßigen Grundhaltung die besondere Wendung des Existenzgedankens bei Thomas entsprungen ist. Das könnte dazu beitragen, die Eigenart, die Besonderheit und den Wert der thomistischen Problemlösungen genauer zu beleuchten und von dorther auch manche der Wesenselemente besser verständlich zu machen.

Die Aufgabe der folgenden Ausführungen ist, die wesentliche Bedeutung der Sinnenverhaftetheit menschlichen Denkens nach Thomas herauszuheben, eine Sinnesverhaftetheit, von der sich Thomas bewußt ist, daß es die Sinne sind, die einen hohen Erkenntniswert darstellen, daß die Sinne den Reichtum der Sinneswirklichkeiten sammeln, ihn bergen, der dann in den Kategorien des Verstandes, im Lichte des Seinsbegriffes geordnet wird. Die Verweisung auf die Sinneswirklichkeit durch die Sinnesbilder bleibt in allem menschlichem Denken erhalten und wird von Thomas weder als Last noch als Strafe empfunden.

Die Sinneserkenntnis wird als so wichtig empfunden, daß sie dazu veranlaßt, die Buntheit und Mannigfaltigkeit der Welt der Sinneswirklichkeit als die eigentliche und wesensgemäße Heimat des Menschen anzusehen. Dieses Gewicht der Buntheit und Mannigfaltigkeit der Sinneswirklichkeit nötigt dazu, im Seienden nicht nur das abstrake Eine zu sehen und ernst zu nehmen, sondern genauso das Viele und Mannigfaltige führt zu dem thomistischen Begriff der Analogia entis. Die so gefaßte Analogia entis erlaubt es, ohne Entwertung der Sinnlichkeit die Sphäre der Sinnlichkeit zu überschreiten, ohne sie zu verlassen.

34 Die Lehren von der Unterscheidung von Dasein und Wesen, die

Begriffe der Participatio, der Creatio sind Schlüsselbegriffe, die diese fundamentale Sicht verständlich machen sollen – die nicht nur eine Sicht des 13. Jahrhunderts für das 13. Jahrhundert ist. Die folgenden Ausführungen haben das Angedeutete zu erklären und zu begründen.

3. Kapitel

**Das Spannungsfeld menschlicher Erkenntnis
zwischen der Erfahrungswelt und ihren Ursachen,
zwischen den Erscheinungen und deren Gründen,
zwischen dem Verständlichen für uns
und dem Verständlichen an sich**

Aristoteles hat in seinem Werk des öftern (z. B. Met. 2, 1
993 b 9–11; vgl. 993 b 26–31; 5, 11, S. 1018 b 30–37; 7, 10,
S. 1035 b 12; 13, 2, S. 1077 b 1; Phys. 1, 1, S. 184 a 16–25; Anal.
Post. 1, 2, 71 b 33–72 a 5) bemerkt, daß das für den Menschen
Verständlichere nicht das Verständlichere an sich ist und das
Verständlichere an sich nicht das Verständlichere für uns. Thomas
hat sich dieser Auffassung angeschlossen (vgl. die Kommentare
zu den einzelnen Aristotelesstellen) und sie in seinem System, wie
noch zu zeigen, eingehend und originell begründet. Sie geht auf
Platon zurück. Die Menschen sind nach Platon gewohnt, nicht
die Dinge an sich, sondern nur dessen Schatten zu sehen. Sie leben
gewissermaßen in einer Höhle, in die die Schatten der
Wirklichkeit hineinfallen, die sie für die wahre Wirklichkeit
halten. In dem Augenblick, in dem es einem Höhlenbewohner
gelänge, ans Tageslicht zu steigen, wäre er von dem Licht
geblendet, die Augen würden ihn schmerzen. Er würde die
Schatten fürs erste als die wahren Wirklichkeiten bewerten. Im
folgenden sei Platon zitiert:

»Dann würde er nun erstens die Schatten am leichtesten
anschauen können und die im Wasser von den Menschen und den
übrigen Wesen sich abspiegelnden Bilder, sodann erst die
wirklichen Gegenstände selbst. Nach diesen zwei Stufen würde
er die Gegenstände am Himmel und den Himmel selbst erst des
Nachts, durch Gewöhnung seines Blicks an das Sternen- und
Mondlicht leichter schauen als am Tage die Sonne und das
Sonnenlicht ... Und endlich auf der vierten Stufe ... vermag er
natürlich die Sonne, das heißt nicht ihre Abspiegelung im Wasser
oder sonst einer außer ihr befindlichen Körperfläche, sondern sie
selbst in ihrer Reinheit und in ihrer eigenen Region anzublicken,

sowie ihr eigentliches Wesen zu beschauen« (Politeia 7, 516 a–b – Übersetzung Schleiermacher).

Würde ein solcher Erkennender in seine Höhle zurückkehren, würde sich sein Blick erneut schwertun, er würde ratlos umhertappen, ein Gelächter und Ärgrernis für die alteingesessenen Höhlenbewohner sein, »und würde es nicht von ihm heißen, weil er hinaufgegangen wäre, sei er mit verdorbenen Augen zurückgekommen, und es sei nicht der Mühe wert, nur den Versuch zu machen, hinaufzugehen, und wenn er sich gar erst unterstände, sie zu entfesseln und hinaufzuführen – würden sie ihn nicht ermorden, wenn sie ihn in die Hände bekommen und ermorden könnten?« (Politeia 7, 517 a).

Für Platon war Sokrates der Mann, der aus der Höhle, aus der Sphäre der Schatten in die des Lichtes und der Wahrheit gestiegen war, der versucht hatte, seine Mitbürger aus dieser Schattenwelt zu befreien, und dafür mit seinem Leben büßen mußte.

Bemerkenswert ist, daß Platon der Angewöhnung, der Erziehung, der Askese die Macht zusprach, aus der Welt der Schatten herauszuführen und das Auge zu befähigen, in die Sonne zu schauen. Aristoteles und in seinem Gefolge Thomas von Aquin waren hier skeptischer. Höchstens in Ausnahmezuständen könne der Mensch über seine menschlichen Bedingungen hinaus, normalerweise blende ihn ein zu helles Licht, verbrenne ihn eine zu heiße Wärmequelle, behindere eine zu hohe Intelligibilität seinen Verstand. Daß es beträchtlich intelligiblere Wirklichkeiten als die unserer Erfahrungswirklichkeit gibt, kann man daher ersehen, daß sich unsere Wirklichkeit, wie sie sich unmittelbar zeigt, nicht in sich gründet, daß die Gründe dieser Wirklichkeit, die sie intelligibel machen, intelligibler sind und sein müssen als sie selber, wie das Feuer, das Quelle der Wärme ist und alles übrige erwärmt, wärmer ist als die durch es erwärmten Dinge. In der Einleitung zu seinem Kommentar zum »Liber de causis« hat Thomas den Gedanken einfach, einleuchtend und tiefgründig so ausgedrückt: Die Ursachen sind intelligibler als ihre Folgen und ihre Wirkungen. Oftmals liegen uns wegen unserer Sinnesgebundenheit die der Sinneserkenntnis zugänglichen Wirklichkeiten näher als deren intelligiblere Gründe, die uns allererst durch die von uns erfahrenen Wirkungen zugänglich werden. Sind die Gründe intelligibler als die Wirkungen, muß man schließen, daß die letzten Gründe am intelligibelsten sind. Doch zu ihnen verhält sich unser geistiges Auge wie das Auge des Maulwurfs zur Sonne, das durch die überschüssige Klarheit geblendet wird (Nr. 4, ed. Pera, Turin–Rom 1955).

Mag daher unsere Sinnenwelt uns vertraut, heimatlich und verständlich erscheinen, so läßt sie dem Verstand doch keine Ruhe und treibt ihn über sie hinaus und läßt den Menschen vermittels seiner geistigen Einsicht mit jener lichtvollsten Wirklichkeit in Berührung treten, die sein höchstes Glück ist (ebd., Nr. 1–6).

Der Mensch ist in der Sinnenwelt beheimatet. Jenseits ihrer liegt die Welt der Begriffe und geistigen Gehalte. Der Verstand sucht nach dem Wesen der Wirklichkeiten, nach dem, was ist, das heißt nach dem Seienden. Von dem Seienden im einzelnen schreitet er zum Seienden im allgemeinen voran. Sein Erkenntnisstreben hat vom Seienden her keine Grenzen. Wie der Verstand prinzipiell unendlich ist, so der mit ihm verbundene geistige Wille, dessen Streben erst im Unendlichen seine Erfüllung findet. Der eigentümliche Gegenstand des den Sinnen verhafteten Verstandes ist nicht das Seiende einfachhin, sondern das Seiende, sofern es durch die Sinne vermittelt wird. Nach Thomas ist der eigentümliche Gegenstand des Verstandes das Wesen der sinnenhaften Wirklichkeit.

Diese Erkenntnisweise entspricht der menschlichen Verfassung als einer sinnlich-geistigen. Dem Sinnenhaften der einzelnen Sinne und der Einbildungskraft entspricht die Körperlichkeit des Menschen, der Geistigkeit der Verstandeseinsicht das seelisch-geistige Sein und der Verbindung beider in der Verstandeserkenntnis die Verbindung von Leib und Seele.

Menschliche Erkenntnis verweist so nicht nur auf die Sinneswirklichkeit und auf deren Wesen, sie ist auch ein Spiegelbild menschlichen Seins. Jede menschliche Erkenntnis zeigt im Erkennen zuerst die sinnliche Wirklichkeit, dann sich selber und die Eigenart menschlichen Seins.[12] Von psychologischen und

---

[12] vgl. zu dieser thomistischen Lehre vor allem S. Th. I, 12, 11; I, 85, 1; I, 84, 7; I, 87, 1 u. 87, 3; De veritate, q. 10, 8.

metaphysischen Bedenken, von theologischen Sorgen her hat Duns Scotus sich energisch und leidenschaftlich gegen die Auffassung von Thomas zur Wehr gesetzt. Später (Kap. 4) sind die in den verschiedenen Seinsbegriffen der beiden Denker grundgelegten Unterschiede aufzuzeigen, vorläufig nur die treibenden Motive dafür.

Scotus war durch das theologische Problem erregt, wie denn eine unmittelbare Gotteserkenntnis je möglich sei, wenn der eigentliche und wesentliche Gegenstand des menschlichen Verstandes das Wesen der Körperdinge sei, das Seiende, wie es sich an materiellen Substanzen zeige. Wolle man einwenden, der Selige sei später einmal reiner Geist, der die Wesenheiten rein, in sich erkennen könne, so sei zu bedenken, daß sich bei der Auferstehung der Leiber die leiblich-geistige Verfassung des Menschen wiederherstellen und, wenn die Überlegungen des Aquinaten richtig seien, erneut die Verweisung auch des seligen Verstandes auf das Wesen der Körperdinge eintreten werde, nicht auf Gott, der nur zugänglich werde, wenn das Seiende in seiner Unbeschränktheit der eigentümliche Gegenstand des menschlichen Verstandes sei. Von der Psychologie her schien Scotus nicht das Seiende am Wesen der Körperwirklichkeit, auch nicht das individuelle Selbst, sondern die allerspeziellste und dabei noch allgemeine Art, die species specialissima, das zeitlich Ersterkannte zu sein. Daneben gab es nach Scotus noch ein anderes Ersterkanntes dem Wertrang nach, nämlich Gott selber. Scotus unterscheidet drei Arten des Ersten, der Erstheit am Gegenstand des Intellekts: das Erste dem Rang nach, das Erste der Zeit nach und das Erste der Entsprechung (adaequatio) nach.

Auf die Frage, welche Erkenntnis rangmäßig die erste, die wertvollste sei, lautet im Gefolge von Aristoteles die Antwort: die höchste Erkenntnis in bezug auf das wertvollste Objekt, Gott, die Gotteserkenntnis.

Der Zeit nach ist die unentwickelste Erkenntnis die erste, man könnte auch sagen, die verschwommenste, die es zur klareren und deutlicheren zu machen gilt; darin sind sich Thomisten und Scotisten einig, uneinig darin, was mit dieser Verschwommenheit gemeint ist, mit der Herausführung von der Verschwommenheit in die Deutlichkeit, und wo die erste Verschwommenheit zu finden ist. Darüber bei der Analyse des Seinsbegriffes (Kap. 4) mehr. Der Entsprechung nach, der Adäquatheit nach ist jener

Gegenstand nach Scotus der erste, der der Fassungskraft des menschlichen Verstandes am meisten entspricht. Nach Thomas ist das Wesen der Körperdinge das Ersterkannte der Entsprechung nach. Der Thomismus hat die Lehre allmählich entwickelt, der zeitlich und der Entsprechung nach erste Gegenstand sei das Seiende am Wesen der materiellen Dinge.

Nach Scotus ist das zeitlich Erste die speziellste Art, nicht das Individuum [species praeintelligitur ante singulare (dixi quod species est primum intelligibile)]. (Ord. 1, dist. 3, pars 1, q. 2, n. 86; vgl. 73–78), das der Entsprechung nach Erste, das Seiende in seiner Allgemeinheit.

Nun könnte man meinen, es handle sich in der Frage um das Ersterkannte um Spitzfindigkeiten, in Tat und Wahrheit geht es um die fundamentale Frage nach den Grenzen menschlicher Erkenntniskraft, nach der Möglichkeit einer Metaphysik, einer Theologie, ja danach, ob es dem Menschen möglich sein werde, Gott jemals anzuschauen, was ja doch das letzte Ziel des Wollens und Wünschens ist. Das Erkennen kann nämlich die Grenzen des ersten Objekts der Entsprechung, des Ersterkannten der Entsprechung nach nicht überschreiten. Wie Scotus es sagt: Nulla potentia potest cognoscere obiectum aliquod sub ratione communiore quam sit ratio sui primi obiecti (ord. 1, dist. 3, pars 1, q. 3, n. 117).

Ist es demnach so, daß das erste Objekt der Entsprechung das Seiende an der Wesenheit materieller Dinge ist, dann kommt der Verstand über diese Grenzen – so meint wenigstens Scotus – nicht hinaus. Jedenfalls ist er stets darauf angewiesen, sich zu Verstehendes an Hand sinnlicher Bilder und materieller Wirklichkeit klarzumachen, wie Thomas überzeugend dartut (S. Th. I, 84, 7): Es sei doch eine Erfahrungstatsache (quilibet in se experiri potest), daß bei dem Versuch, etwas einzusehen und zu verstehen (quod quando aliquis conatur aliquid intelligere), der Mensch sich Sinnesvorstellungen herstellt als Beispiele, an denen und in denen er einsieht, was er zu verstehen versucht (format sibi aliqua phantasmata per modum exemplorum in quibus quasi inspiciat, quod intelligere studet). Angesichts des Angewiesenseins auf Sinnesbilder, der Eingrenzung der ersten Gegenstände des Intellekts auf das Seiende in der Weise der Wesenheit der materiellen Gegenstände erhebt sich natürlich und notwendig die Frage, die im folgenden zu behandeln sein wird, wie diese

Grenzen für die Erkenntnis immaterieller Wesen bis zu Gott hin überschritten werden können.

Scotus beanstandet auch die Überlegung des hl. Thomas, die Erkenntniskraft müsse die gleiche Seinsverfassung haben wie der zu erkennende Gegenstand, aus der leiblich-geistigen Verfassung des Menschen ergebe sich die Eingrenzung des Ersterkannten des Verstandes auf das Wesen der materiellen Wirklichkeit und am Wesen des Ersterkannten zeige sich das Wesen menschlicher Verfassung. Beim Erkennen, bei der Entsprechung der Erkenntnis und des Erkannten handle es sich nicht um die Entsprechung der Erkenntniskraft und des Erkannten, sondern des Erkenntnisbildes und des Erkannten. Wenn Cäsar in einem Erzstandbild dargestellt werde, so entspreche zwar das Bild dem Cäsar, keineswegs jedoch das Erz der Seinsverfassung Cäsars. Der Schluß des Aquinaten stelle einfach einen Fehlschluß dar, den Fehlschluß des Akzidens, von dem akzidentellen Erkenntnisbild auf die Erkenntniskraft, oder auch den Fehlschluß der Redefigur dar, aus der wortmäßigen Ähnlichkeit auf die Ähnlichkeit der Sache, aus der Ähnlichkeit der Erkenntnis und der Erkenntniskraft auf die Ähnlichkeit beider mit der erkannten materiellen Wirklichkeit zu schließen (Ord. 1, dist. 3, pars 1, q. 3, n. 122: Verum est, per actum suum cognoscendi, qui est quaedam similitudo obiecti, vel per speciem, disponentem de proximo ad cognoscendum – sed ex hoc concludere ipsum intellectum, in se naturaliter, habere modum essendi similem modo essendi obiecti, vel e converso, est facere fallaciam accidentis et figurae dictionis; – sicut non sequitur »aes assimilatur Caesari quia per figuram inductam assimilatur, ergo aes in se habet similem modum essendi modo essendi Caesaris«).

Daß der Verstand auch nach Scotus auf Sinnesbilder und auf die Erkenntnis der materiellen Dinge verwiesen ist, folgt zwar nach ihm nicht aus der leiblich-geistigen Verfassung der Menschen und seiner Erkenntniskräfte, sondern einfachhin aus der wirklichen Ordnung dieser Welt, dem tatsächlichen Zustand der Welt. Dieser Zustand ist nichts anderes als die standfeste Dauer, gefestigt durch die Gesetze der Weisheit (Ord. 1, dist. 3, pars 1, q. 3, n. 187). Daß unser Verstand nur einsieht, was ihm in einem Sinnesbild entgegenleuchtet, ist eine tatsächliche Ordnung, die ihren Ursprung entweder in der Strafe für eine Sünde findet oder in dem Prinzip, daß es eine gewisse harmonia praestabilita der Potenzen gibt, wonach sich die höhere Potenz mit dem gleichen Gegenstand befaßt, mit dem sich die untergeordnete befaßt (Ord. 1, dist. 3, pars 1, q. 3, n. 187: Firmatum est autem illis legibus, quod intellectus noster non intelligat pro statu isto nisi illa quorum species relucent in phantasmate, et hoc sive propter poenam peccati originalis, sive propter naturalem concordantiam potentiarum animae in operando, secundum quod videmus quod potentia superior operatur circa idem circa quod inferior, si utraque habebit operationem perfectam).

Gegenüber den systembedingten Thesen eines Thomas und Scotus zum Ersterkannten haben Ockham und Suárez einigen Ballast abgeworfen. Ockham bleibt der Überzeugung, daß das Ersterkannte der Entsprechung nach das Allgemeine ist, wobei das Allgemeine für einen Terministen, der keine Allgemeinheit außerhalb der Erkenntnis und der Termini anerkennt, eine andere Bedeutung haben muß als für Thomas und Scotus, die eine Realität des Allgemeinen in den Dingen anerkannten. Doch darüber ist hier nicht zu handeln. – In bezug auf das Ersterkannte der Zeit nach unterscheidet Ockham eine intuitive und eine abstraktive Erkenntnis, und er ist der Auffassung, daß das Ersterkannte das Einzelding sei (singulare cognitione sibi propria et simplici est primo cognitum), und zwar das durch die intuitive Erkenntnis erfaßte Einzelding. Die intuitive Erkenntnis des einzelnen sei Voraussetzung der abstraktiven (cognitio singularis abstractiva praesupponit intuitivam respectu eiusdem obiecti et non e converso – Quodlibeta 1, q. 13; bei Philotheus Boehner: Ockham. London–New York 1962, S. 28).

Dabei ist zu bemerken, daß solcherlei Einzelwirklichkeiten, die als Erste erkannt werden, der verschiedensten Art sein können, wie Ockham im Vorwort zum Sentenzenkommentar betont: Sinneswirklichkeiten, psychische Tatbestände, die keinem Sinn zugänglich sind, wie Einsichten, Wollungen, Freude und Trauer. Vermittels der intuitiven Erkenntnis erarbeitet die abstraktive vielerlei ersterkannte Gegenstände: das Seiende, die Gattung, die species specialissima, je nach der Entfernung, von der und nach der Deutlichkeit, mit der das Objekt gesehen wird. Der Begriff des Seienden ist mit allen ersterkannten Gegenständen des abstraktiven Verstandes verbunden. In genügender Nähe ist das Ersterkannte die speziellste Spezies in Verbindung mit dem Seienden (Quodlib. 1, q. 13, bei Boehner, S. 32).

Für Suárez (vgl. De anima, 4. Buch, 3. Kapitel, Nr. 15 u. 16) hat der Intellekt die Möglichkeit, das Einzelne, Individuelle zu erkennen, und dieses ist auch das zeitlich Ersterkannte. Das Bild des Einzelnen wird als Erstes im intellektuellen Erkenntnisvermögen entgegengenommen. Das Allgemeine steht der Sinneserkenntnis ferner. Erst durch die Erkenntnis vieler Einzeldinge und ihrer Übereinstimmung entsteht die Erkenntnis des Allgemeinen. So vermag sich der Ungebildete, weil er nur eine Sonne kennt, sich keinen Begriff von der Sonne zu machen. Da menschliches Erkennen mit der Sinneserkenntnis anfängt, die auf das Einzelne gerichtet ist, wird das Einzelne auch leichter durch den Verstand gedacht.

Kein Scholastiker hat den Wert der materiellen Welt und deren Erkenntnis durch die Sinne klarer und energischer behauptet und systematischer begründet als Thomas. Das Ersterkannte ist nach ihm die für uns vertraute, materielle Welt, und es fragt sich, wie er den Weg von dem für uns Bekannteren zu dem an sich Bekannteren, den Weg von der Sinnenwelt zu einer übersinnlichen Welt, finden und beschreiten kann.

Anlaß zum Überstieg über diese sinnliche Wirklichkeit hinaus ist die Beobachtung der unablässigen Veränderung, der Verursachung, der Zufälligkeit der uns umgebenden Wirklichkeit, der vielerlei Vollkommenheitsstufen innerhalb dieser Wirklichkeit. Aus diesen und anderen Eigenschaften hat die Tradition die Wege zu Gott gebaut. Diese Wege von der sinnlich erfahrbaren Welt zu einer übersinnlichen zeigen deutlich, daß es in ihrem Gang zu einer übersinnlichen Wirklichkeit sich keineswegs um phantastische, unreflektierte Sprünge handelt, daß sie auch kein Ergebnis menschlicher Gemützustände sind, sondern bewußter, überlegter, auf solide Prinzipien gestützter Übergang von einer unmittelbar erfahrbaren Wirklichkeit zu ihren Gründen.

Die klassischen fünf Wege des hl. Thomas sind eine Zusammenstellung geschichtlich verschiedenartiger Gedankengänge von verschiedenem Wert. Der dritte Weg der Summa Theologica (I, 2, 3) ist von Moses Maimonides, der parallele Beweis der Summa contra Gentiles (I, 13; 15) von Avicenna übernommen. Der vierte Weg ist offensichtlich platonischen Ursprungs, der erste hat ein spezifisch aristotelisches Gepräge.

Die einzelnen Wege haben nicht die gleiche Überzeugungskraft. Der Zusammenbruch eines Beweises braucht nicht denjenigen aller anderen nach sich zu ziehen.

Wenn wir kurz auf den Inhalt der fünf Wege eingehen, so entscheiden wir uns dabei jeweils für diejenige Deutung, die uns die wahrscheinlichere erscheint.

Erster Weg: Es gibt Veränderungen. Jede Veränderung setzt eine Ursache der Veränderung voraus (quidquid movetur ab alio movetur), man kann aber in der Reihe der Veränderungen nicht ins Unendliche fortschreiten. Also muß es einen unbewegten Beweger, der Anfang aller Veränderungen ist, ohne sich selbst zu ändern, geben, und dieser Beweger ist Gott.

Zweiter Weg: Die Existenz untergeordneter Ursachen setzt die Existenz einer ersten Ursache voraus. Nun gibt es untergeordnete Ursachen. Also gibt es eine erste unverursachte Ursache, und die ist Gott. Der zweite Weg geht von einer anderen Tatsache aus als der erste. Im ersten steht die Beobachtung der Veränderlichkeit im Mittelpunkt, im zweiten die Feststellung der anderswoher erborgten, geliehenen Kraft, vermittels deren die untergeordneten Ursachen wirken. Der zweite Weg wird von manchen Thomisten übrigens anders, als hier angegeben, interpretiert. Diese andere Interpretation geht von der Tatsache von Wirkungen aus, schließt auf deren Ursachen und von den Ursachen auf eine erste Ursache.

Der dritte Weg hat wieder eine neue Sicht zum Ausgangspunkt. Das Veränderliche, auf Grund einer geliehenen Kraft Wirkende tritt ins Dasein und verschwindet, ist weder ewig noch notwendig, sondern zufällig, kann sein und nicht sein. Alles Zufällige aber setzt ein notwendiges Wesen voraus, und das ist Gott.

Vierter Weg: Dieses Veränderliche hat keineswegs die Seinsfülle schlechthin in sich. Hinter der Erfahrung der Teilhabe einer Vollkommenheit in je verschiedenem Grade steht das unendliche, vollkommene, sie transzendierende Sein, und das ist Gott.

Fünfter Weg: Was an dem Endlichen, Vergänglichen, aus geliehener Kraft Wirkenden, veränderlichen Sein, das so vielerlei Stufen der Vollkommenheit aufweist, auffällt, ist seine Zielstrebigkeit, die eine Vernunft voraussetzt, deren die Dinge bar sind. Es ist also ein allweiser Ordner und Gesetzgeber anzunehmen, und der ist Gott.

Die verschiedenen Wege oder Beweise tragen verschiedene Namen: Der erste heißt der Bewegungs- oder Veränderungsbe-

weis, der zweite der Kausalitätsbeweis, der dritte der Kontingensbeweis, der vierte der Beweis aus den Seinsstufen, der fünfte der Beweis aus der Zielstrebigkeit. Der dritte Beweis heißt bei Kant auch der kosmologische und der fünfte der physiko-theologische.

Seit Kant hat man bei der Behandlung der Gottesbeweise gewissermaßen ein schlechtes Gewissen, als ob doch nicht alles so rund aufgehe, wie es auf den ersten Blick scheint. Es ist kein Zweifel, daß sich jedem der angeführten Beweise ernste Bedenken in den Weg stellen, die in den großen Monographien zum Thema aus der Feder von Franz Brentano, Garrigou-Lagrange, Descoqs, A. Grégoire eingehend behandelt werden. Hier sei auf ein prinzipielles Bedenken eingegangen: Alles Beweisen setzt gewisse Grundbegriffe, wie Sein, Wesenheit, Ding, und Grundprinzipien, wie dasjenige der Identität, des Widerspruchs, des ausgeschlossenen Dritten, des zureichenden Grundes, voraus. Diese Begriffe und Prinzipien geben Probleme auf, nicht zuletzt das, wie weit diese Begriffe und Prinzipien tragen, ob sie fähig sind, die Existenz eines Dinges zu erweisen oder bloß seine Struktur, ob sie bloß für unsere empirische Welt gelten oder über unsere Sinnenwelt hinaus in eine transzendente Wirklichkeit zu führen vermögen.

Diese Fragen sind keinem Philosophen je unbewußt geblieben. Die Lust an der Spekulation konnte den einen oder anderen fortreißen, luftige Gebilde für Wirklichkeiten zu halten. Das ist jedoch die Ausnahme. Die bedeutenden Denker waren sich der Grenzen ihrer Konstruktionen gewöhnlich bewußt. Trotzdem wird man sagen müssen, daß Kant die Frage nach der Reichweite unseres Erkennens mit einer Eindringlichkeit wie nie zuvor gestellt und behandelt hat und daß sie seither nicht mehr aus dem Bewußtsein geschwunden ist.

Kant wollte vor der Ausarbeitung einer Metaphysik, die auch für ihn letztes Ziel des Philosophierens blieb, die Frage beantwortet wissen, ob denn unser Erkennen überhaupt imstande sei, Metaphysik zu treiben. Anders und allgemeiner gewendet: Vor der Ausübung der Erkenntnisfunktion wollte er einmal prüfen, welche Tragfähigkeit all unser Erkennen habe. Dabei hat er vielleicht übersehen, daß schon diese Prüfung des Erkenntnisvermögens eine Erkenntnisarbeit ist, die voraussetzt, daß unsere Erkenntnis wahrhaft erkennt. Vor jeder kritischen Prüfung des Erkennens müssen wir schon wissen, daß die Erkenntnis auf die Wahrheit ausgerichtet ist, sonst hätte diese erkennende Prüfung 45 der Erkenntnis keinen Sinn. Das hat Hegel gegenüber Kant mit Nachdruck hervorgehoben. Er sagt, ein Erkenntniskritiker, der zuerst die Tragfähigkeit des Erkennens erkennend prüfen wolle, sei dem vergleichbar, der auf dem Trockenen schwimmen lernen wolle. Erst wenn man ins Wasser steige, lerne man schwimmen:

»Daß im wahrhaften und wirklichen Erkennen auch die Rechtfertigung des Erkennens liegen wird und muß, weiß man, könnte man sagen, schon zum voraus; denn dieser Satz ist nichts anderes als eine Tautologie; ebenso als man voraus wissen kann, daß der verlangte Umweg, das Erkennen vor dem wirklichen Erkennen erkennen zu wollen, überflüssig ist, darum, weil dies in sich selbst widersinnig ist« (Jubiläumsausgabe XVI, S. 367).

Auf das Bedenken, die erkennende Überprüfung unseres Erkenntnisvermögens sei noch eine vormetaphysische Angelegenheit, die sich nicht auf das Erkennen überhaupt, sondern auf die Möglichkeit des metaphysischen Erkennens bezieht, ist zu antworten, daß gerade die Überprüfung einer Möglichkeit der Metaphysik selbst metaphysisch ist. Erkenntnistheorie ist in Wahrheit Metaphysik der Erkenntnis.

Gesetzt, die Wege zu Gott führen wirklich zu ihm, erwiesen eine neue übersinnliche Wirklichkeit, so entsteht für denjenigen, der Erkenntnis und Verständnis im sinnenhaften und menschengestaltigen Sein verwurzelt sein läßt, das Problem, wie man sich mit einer begrenzten Einsicht und Verständniskraft Gott irgendwie erkenntnismäßig nähern kann. Wenn geistiges Sein nicht unmittelbar erfaßt werden kann, sondern nur über den Umweg von Begriffen, die der Sinnenwelt entstammen, und im Rückgriff auf Sinnesbilder verständlich werden, dann ist zu fragen, wie diese übersinnliche Welt, wenn man von ihrem Dasein überzeugt ist, gedacht werden kann, wie Theologie möglich ist.

Übersinnlichkeit ist Negation der Sinnenhaftigkeit und bedarf zu ihrer Erfassung der Negation alles dessen, was der sinnlichen Welt eigentümlich ist, wie Veränderlichkeit, Vergänglichkeit, Teilbarkeit, Ausgedehntheit und so weiter. Wenn mit dieser Negation das letzte Wort gesagt wäre, müßte man schließen, keine Erkenntnis übersinnlichen Seins, auch unserer geistigen

Seele, sei unmöglich – ein Schluß, der Kant ähnliche Probleme aufgibt wie Thomas.

Kant hat die Erkenntnis des Übersinnlichen ausgeschlossen, dabei jedoch die Denkmöglichkeit übersinnlichen Seins bejaht und mußte sie auch bejahen, weil sich ihm im sittlichen Imperativ die Notwendigkeit der Freiheit, der Unsterblichkeit und der Existenz Gottes erschloß, von denen er behauptete, sie seien zwar nicht erkennbar, jedoch vernünftig denkbar, ja, für die Praxis denknotwendig.

Erkenntnisse werden nach Kant durch Prädikate gewonnen, »die sich in der Erfahrung geben lassen und also zum Erkenntnis dienen könnten« (Kritik der Urteilskraft, § 91, Inselausgabe, S. 384). »Gegenstände der bloßen Vernunftideen, die für das theoretische Erkennen gar nicht in einer möglichen Erfahrung dargestellt werden können, sind sofern auch gar nicht erkennbare Dinge, mithin kann man in Ansehung ihrer nicht einmal meinen« (Kritik der Urteilskraft, § 91, S. 377). Objekte »einer wenigstens an sich möglichen Erfahrungserkenntnis (Gegenstände der Sinnenwelt)« (S. 377) sind Meinungssache. Rein übersinnliche Gegenstände sind »für unser Erkenntnisvermögen überschwenglich« (S. 385). Es gibt nun nach Kant überraschenderweise eine Idee, deren Gegenstand zwar übersinnlich ist, deren Begriff überschwenglich, deren Tatsächlichkeit jedoch nachweisbar ist:

»Was aber sehr merkwürdig ist, so findet sich sogar eine Vernunftidee (die an sich keiner Darstellung in der Anschauung, mithin auch keines theoretischen Beweises ihrer Möglichkeit fähig ist) unter den Tatsachen; und das ist die Idee der Freiheit, deren Realität als einer besonderen Art der Kausalität (von welcher der Begriff in theoretischem Betracht überschwenglich sein würde), sich durch praktische Gesetze der reinen Vernunft und diesen gemäß in wirklichen Handlungen, mithin in der Erfahrung dartun läßt« (S. 379).

Die Bedingungen der Möglichkeit, der erfahrbaren Idee der Freiheit, Gottes Dasein und die Unsterblichkeit sind, obzwar für menschliche Erkenntnis überschwenglich, »Glaubenssachen (res fidei), und zwar die einzigen unter allen Gegenständen, die so genannt werden können« (S. 378).

Nach Kant ist es unmöglich, auf dem Wege der Naturbegriffe eine solche Erkenntnis zu gewinnen. »Daß es dagegen auf dem moralischen – (des Freiheitsbegriffs) gelingt, hat diesen Grund: daß hier das Übersinnliche, welches dabei zum Grunde liegt (die Freiheit), durch ein bestimmtes Gesetz der Kausalität, welches aus ihm entspringt, nicht allein Stoff zum Erkenntnis des anderen Übersinnlichen (des moralischen Endzwecks und der Bedingungen seiner Ausführbarkeit) verschafft, sondern auch als Tatsache seine Realität in Handlungen dartut, aber eben darum auch keinen anderen, als nur in praktischer Absicht (welcher auch die einzige ist, deren die Religion bedarf) gültigen Beweisgrund abgeben kann (S. 385–386).

Kant wiederholt im Anschluß an diese Äußerungen sein Erstaunen darüber, »daß unter den drei reinen Vernunftideen Gott, Freiheit und Unsterblichkeit, die der Freiheit der einzige Begriff ist, welcher seine objektive Realität (vermittels der Kausalität, die in ihm gedacht wird), an der Natur, durch ihre in derselben möglichen Wirkung beweiset und eben dadurch die Verknüpfung der beiden anderen mit der Natur, aller drei aber untereinander zu einer Religion möglich macht« (S. 386). So führt die Idee der Freiheit über die Grenzen theoretischen Erkennens hinaus. Das Prinzip der Freiheit ermöglicht den Weg zu einer praktischen Erkenntnis des Übersinnlichen.

Thomas sieht für die Erkenntnis ähnliche Schranken wie Kant. Der eigentümliche Gegenstand des Intellekts nach Thomas ist das Wesen der Sinnesdinge. Zum Verständnis anderer Wirklichkeiten kommt der Verstand nur über den Weg von das Denken begleitenden Phantasievorstellungen. Die geistige Welt, auf die unsere Sinneswirklichkeit verweist, ist nur durch Ähnlichkeits-begriffe erfaßbar, die mit der Sinneswirklichkeit, der materiellen Welt, in die der Mensch gebettet ist, in Verbindung stehen (S. Th. I, 12, 4; 11).

Der Überstieg zum Übersinnlichen kann und muß bei Thomas anders erfolgen als bei Kant, weil für Thomas Zeit und Raum Substanz, Kausalität, Quantität und Qualität, kurz, die An-schauungsformen und die Kategorien keine Formen von Sinn-lichkeit und Verstand sind, sondern allgemeinste Strukturen der Wirklichkeit selbst, von denen nicht einzusehen ist, daß sie auf die Sphäre sinnlichen Seins eingeschränkt sein müßten, wenn-

gleich es auch die Eigentümlichkeit menschlichen Erkennens ist, daß es unmittelbar auf das Wesen der Sinnesdinge der materiellen Welt ausgerichtet ist.

Um die Züge und Strukturen, die an unserer Sinneswelt dem geistigen Auge sichtbar werden, für die Gotteserkenntnis fruchtbar zu machen, muß man davon ausgehen, daß Gott das allervollkommenste Wesen ist und daß infolgedessen Unvollkommenheiten, die an der materiellen Welt sichtbar werden, wie Vergänglichkeit, Veränderbarkeit, von ihm negiert werden müssen. Theologie ist deshalb zunächst eine negative, sofern ihre erste Aufgabe in der Negation alles dessen besteht, was man von den Sinneswirklichkeiten aussagt, und dabei Begrenzung, Veränderung, Schein und Trug besagt.

Nach dem Versuch (S. Th. I, q. 2), die Existenz Gottes nachzuweisen, fragt Thomas nach dem Wesen der Gottheit und sagt deutlich und unmißverständlich: Von Gott können wir nicht wissen, was er ist, sondern was er nicht ist, wir können auch nicht wissen, wie er ist, sondern eher, wie er nicht ist.

Wenn dann in der Folge nicht nur negative Aussagen über Gott gemacht werden, so rührt das von keiner Inkonsequenz her, die dem religiösen Bedürfnis nach einem Bilde Gottes entspringen würde, sondern einer Unterscheidung in bezug auf die Gotteserkenntnis. Im Sentenzenkommentar (1. Buch, Dist. 3, Q. 1, Art. 1) verneint Thomas die Anschaubarkeit Gottes, er bejaht jedoch eine gewisse Erkennbarkeit, die freilich nicht so beschaffen sei, daß darin das Wesen Gottes erschöpfend erfaßt würde. Die spätere Scholastik hat den Unterschied so ausgedrückt: man könne Wesenszüge an Gott erkennen (cognoscere quidditatem), man könne Gott jedoch nicht quidditativ in seinem ureigensten Wesen erkennen (vgl. Cajetan: De ente et essentia, ed. de Maria, S. 525, zu Anfang der Quaestio 14).

Gotteserkenntnis ist möglich, einerseits mit Hilfe von Begriffen, die aus der Sinneswirklichkeit stammen, die jedoch von allen Unvollkommenheiten gereinigt sind, andererseits mit Hilfe des Bewußtseins, daß die Weise des Bedeutens, der Modus significandi, dieser Begriffe nicht auf Gott zutrifft. Vollkommenheiten, wie Sein, Leben, Güte, Wissen, sind im eigentlichen Verstande in Gott, nicht nur in ihm als in ihrer Ursache, sie haben in ihm jedoch eine Seinsweise, die die Seinsweise dieser Eigenschaften in der Sinnenwelt übersteigt. Sie sind auf überragende Weise in Gott. Der menschliche Verstand, der diese

Eigenschaften nach Art der Sinnenwelt denkt, reicht in seiner Weise des Bedeutens nicht an die göttliche Wirklichkeit heran. Seine von Unvollkommenheiten gereinigten Vorstellungen bleiben durch die Art und Weise ihres Vorstellens hinter der göttlichen Wirklichkeit zurück und widerspiegeln die Weise sinnenwelthafter Wirklichkeit (S. Th. I, 13, 3).

Aus alledem ist zu ersehen, daß der Mensch einerseits durch die Brüchigkeit, Endlichkeit, Veränderlichkeit der Welt, in der er beheimatet ist, auf eine andere, in sich gegründete vollkommene Welt schließen kann und muß, daß er aber mit seinen Erkenntnismöglichkeiten daran gehindert wird, sie erschöpfend so, wie sie ist, zu erkennen. In den Vollkommenheiten der Kreaturen wird Gott repräsentiert. In unseren Begriffen über Gott werden diese göttlichen Vollkommenheiten durch die in den Kreaturen aufscheinenden Vollkommenheiten nicht unmittelbar in ihnen selbst bezeichnet (vgl. S. Th. I, 13, 2 ad 3). Der Unterschied der Seinsweise der Vollkommenheiten, wie sie in Gott sind und wie sie in der Welt widergespiegelt werden, besteht darin, daß sie in der Kreatur in Trennung und in Mannigfaltigkeit aufscheinen, während sie bei Gott in höchster Einfachheit und Einheit sind, einer Einheit und Einfachheit, die der menschliche Intellekt nur durch vielerlei Begriffe erfassen und ausdrücken kann, wie die Sinnesdinge sie ja auch vielfältig repräsentieren (vgl. S. Th. I, 13, 4 ad 3; Sent. 1, dist. 2, q. 1, art. 2).

Die Arbeit der Theologie besteht nicht zum geringsten Teil darin, den erschlossenen und geoffenbarten Gott mit Hilfe menschlicher Begriffe und nach der Weise sinnenhafter Wirklichkeit und sinnenverhafteten Denkens zu einer begrifflichen Darstellung zu bringen, die hinter dem Dargestellten weit zurückbleibt. Infolgedessen ist es kein Zufall, es ist umgekehrt geradezu eine Notwendigkeit, daß es in der Darstellung Gottes und des Göttlichen eine Fülle von Vorstellungen aus der Natur, der menschlichen Gesellschaft, der Menschenwelt gibt, mit deren Hilfe der uns Unbegreifbare irgendwie zur Darstellung gebracht wird und begriffen werden kann.

Wenn man von dem Transzendenzbezug theologischer Begriffsbildung absieht und das Vorstellungsmaterial theologischer Darstellungen auf seine Herkunft aus unserer Sinnenwelt untersucht, wird man daher auf je verschiedene Menschen-,

Gesellschafts- und Naturbilder verwiesen, mit deren Hilfe Transzendenz irgendwie faßbar und von fernher verständlich gemacht werden soll. Feuerbach hat sich die Aufgabe der Untersuchung des theologischen Begriffsmaterials gestellt. Auf Grund der Einsicht, daß die Theologie ein reiches anthropologisches Material verwendet, ist es nicht zu verwundern, daß er allenthalben Aussagen fand, die mit dem Wesen des Menschen im Zusammenhang stehen. Feuerbachs Anliegen ging jedoch wesentlich weiter. Aus der notgedrungen anthropologisch-sinnenhaften Ausdrucksweise theologischer Aussagen schloß er, auch der Kern der Aussagen ziele auf das Anthropologische und Sinnenhafte, das Geheimnis der Theologie sei die Anthropologie. In diesem Punkt unterscheidet sich der Thomismus von Feuerbach. Während Thomas die Bilder als Hilfsmittel zur Erfassung des Göttlichen ansieht, sieht Feuerbach gerade in der bildhaften Form das Wesentliche religiöser und theologischer Aussagen. In seiner Untersuchung »Über Philosophie und Christentum« (W. W. 2. Leipzig 1846, S. 179 ff.) schreibt er, der spekulativen Philosophie zufolge unterschieden sich Christentum und Philosophie nur der Form, der Vorstellungsweise nach, nicht aber dem Inhalt nach. In dieser Unterscheidung von Form und Inhalt werde das Unwesentliche zum Wesentlichen und das Wesentliche zum Unwesentlichen gemacht. »Gerade Phantasie und Gemüt konstituieren das Wesen der Religion – nicht der Inhalt als solcher, der vielmehr nur die Bedeutung der Vergegenständlichung des Gemüts und der Phantasie hat. Nicht das Absolute als solches ist der Gegenstand und der Inhalt der Religion, sondern das Absolute, wie es Gegenstand nur des Gemüts und der Phantasie – das Absolute, dessen wesentliche Inhaltsbestimmung eben nur dieses Wie ist« (S. 79). Auch im Verständnis von Phantasie und Gemüt unterscheidet sich Feuerbach von Thomas: »Das Gemüt drückt Bedürfnis aus, die Phantasie Willkür – das höchste Gesetz des Gemüts ist, was befriedigt, das höchste Gesetz der Phantasie, was gefällt –, daher das Wunder ein unentbehrlicher, ja absolut notwendiger Gegenstand der Religion ist; denn das Wunder gefällt ebenso der Phantasie, als es dem Gemüte wohltut. Das Wunder ist eine im Licht der Phantasie entzückend schimmernde Träne des Gemüts, die es darüber vergießt, daß seine Wünsche beschränkenden Gesetze die Welt regieren« (S. 180).

War der klassischen Theologie der aus der Sinnenwelt entlehnte Schatz an Bildern ein Hilfsmittel dafür, Gott und das Göttliche für einen der Sinnlichkeit verhafteten Verstand greifbar zu machen, so ist das Absolute nach Feuerbach nur der Ausdruck, die Objektivierung des menschlichen Gemüts (S. 181). Das Wesen Gottes ist für Feuerbach ein anderer Ausdruck des Wesens des Menschen, während das Wesen des Menschen für die klassische Theologie ein ausgezeichnetes Bild des Wesens Gottes ist.

Aus den Bildern allein, für sich genommen, ist ihre Funktion in einer theoretischen Darstellung nicht zu entnehmen. Sie können Selbstzweck und sie können Hilfsmittel sein, und zwar Hilfsmittel zu verschiedenen Zwecken, die aus den Bildern ohne zusätzliche Intentionen und Überlegungen nicht ohne weiteres hervorgehen. Für den Theologen sind sie Symbole einer erschlossenen und geoffenbarten übersinnlichen Welt, für Feuerbach Symbole des menschlichen Wesens. Als Hilfsmittel sind diese Bilder sonder Zweifel Schöpfungen des Menschen, um etwas von ihnen Unabhängiges auszudrücken. Thomas begründet im Sentenzenkommentar (1. Buch, Dist. 3, Q. 1, Art. 3, c. a.): »Da die Kreatur von Gott als dem Urbild und aus Gott als der irgendwie durch Analogie ähnlichen Ursache hervorgeht, kann man von der Kreatur auf den drei Wegen der Kausalität, der Entfernung (des Unvollkommenen) und der Überragung zu Gott gelangen. Dazu, daß man von der Kreatur zu Gott gelange, ist zweierlei notwendig: daß Gott irgendwie erfaßt werden kann, weshalb den Tieren ein solcher Erkenntnisprozeß nicht zukommt, und zweitens, daß der Erkenntnisprozeß mit der Kreatur beginnt und bei Gott abgeschlossen wird.«

Phantasie hat übrigens in der aristotelischen Tradition, die der Sinnlichkeit gegenüber nicht feindselig eingestellt ist, eine völlig andere Bedeutung als bei Feuerbach. Für Feuerbach ist sie einer sinnesfeindlichen, cartesisch-spinozistischen Tradition gemäß Willkür, für den Aristotelismus ist sie innerer Sinn, dessen Gegenstand das von den Sinnen Erkannte ist unter Absehung seiner Gegenwart. Was die äußeren Sinne lebendig erfassen, das stellt die Phantasie ohne Angewiesenheit auf dessen Gegenwart vor sich hin. Als Hervorbringerin eines Erkenntnisbildes, das sie vor sich hinstellt, ist sie ein produktives Erkenntnisvermögen, keineswegs der Irreführung verdächtige Willkür.

Karl Marx hat manche Elemente der Religionskritik von Feuerbach übernommen, das Element der sinnlichen, phantastischen Produktion von Wunschbildern, hat diese Elemente besonders auf das Gesellschaftliche übertragen und versucht, das Bewegungsgesetz der Entwicklung dieser Bilder wenigstens im groben aufzuzeigen. Marx hat religiöse Bestandteile im Menschenbild, die bei Feuerbach übrigbleiben, zurückgewiesen. So heißt es beispielsweise bei Feuerbach im Zuge der Abgrenzung heidnischer und christlicher Gottesvorstellung im Menschen: »Der Kaiser, der Philosoph, kurz jede bestimmte Individualität, Qualität und Eigenschaft ist nur ein besonderes, endliches Wesen, aber der Mensch ist nicht dieses oder jenes ausschließlich; er ist alles zusammen, er ist allgemeines, unerschöpfliches, uneingeschränktes Wesen« – eine Kennzeichnung des Menschen, die ihn in die Nähe des Bildes rückt, das sich die alte Theologie von Gott machte (W. W. 2. Leipzig 1846, S. 328–329). Die Schilderung der Genesis mancher religiöser Wunschvorstellungen ist bei Feuerbach und Marx durchaus zutreffend, ihre Interpretation jedoch einseitig, ihr Ursprung ausschließlich vom Gesellschaftlichen und Ökonomischen her gesehen.

Die merkwürdige Lage, daß das Nähere und Bekanntere für den Menschen die Sinneswirklichkeit ist und daß er dabei doch nicht verharren kann und dem Bekannteren an sich nachstreben muß, rührt nach Aristoteles und Thomas daher, daß der Mensch auf der Stufenleiter der Wesen den Ort der Verbindung von Sinnlichkeit und Geistigkeit einnimmt.

Zu Beginn der »Metaphysik« hat sich Aristoteles und in seinem Gefolge Thomas mit diesem Standort näher befaßt.

Aus Nützlichkeit und um ihrer selbst willen strebt der Mensch die Erkenntnis an. Er ist durch die Verstandeseinsicht ausgezeichnet. Daher zeichnet es ihn aus, danach zu streben, einzusehen und zu verstehen. Unter den Tieren gibt es solche, die zwar Sinneserkenntnis besitzen, jedoch des Gehöres und des Gedächtnisses ermangeln. Sie haben keinen Anteil an Belehrbarkeit und Klugheit. Andere haben Gedächtnis, jedoch kein Gehör. Sie sind von Natur klug, aber nicht belehrbar. Die dritte Stufe ist mit Gedächtnis und Gehör ausgestattet, ist klug und belehrbar (Nr. 13 ind. sp.).

Auf dem Gedächtnis baut sich die Erfahrung auf. Erfahrung ist ein Produkt der Denkkraft (vis cogitativa). Denkkraft ist 53 partikuläre Vernunft *(ratio particularis;* s. Nr. 15). Sie sammelt die individuellen Bestimmungen wie die Vernunft die allgemeinen. An dieser Erfahrung nehmen auch die Tiere in bescheidenem Maße teil, wie aus ihrem Verhalten, wenn sie etwas zu erreichen oder zu meiden versuchen, hervorgeht. Jenseits der partikulären Vernunft besitzt der Mensch die allgemeine Vernunft *(ratio universalis, per quam vivunt, sicut per id quod est principale in eis* [Nr. 15]). Das Gedächtnis begründet die Gewohnheit, die partikuläre Vernunft die Erfahrung und die allgemeine Vernunft die Kunst und die Wissenschaft (Nr. 20).

Für die Praxis ist die Erfahrung wichtiger als die Wissenschaft. Der Arzt, der Erfahrung hat, ist in der Behandlung des Sokrates oder Platons demjenigen überlegen, der mit guter wissenschaftlicher Ausbildung ohne Erfahrung ist. Das Handeln jedoch auf Grund nur von Erfahrung ohne Einsicht in die Ursachen, Praxis ohne Theorie ist der Wissenschaft einfach unterlegen (Nr. 24). In der Einsicht in die Notwendigkeiten ist derjenige, der die höheren Gesichtspunkte hat, demjenigen überlegen, der sich nur mit Einzelheiten befaßt. Beim Schiffsbau ist der Steuermann dem Baumeister überlegen, der Baumeister wieder dem Holzlieferanten, und zwar deshalb, weil der Steuermann die beste Einsicht in die Notwendigkeiten eines brauchbaren Bootes hat (Nr. 26–27). Eine Einsicht aus Gründen ist für die Lehre verwendbar, reine Erfahrung nicht (Nr. 29). Die Sinnennähe aber ist am meisten von der Einsicht in die Ursachen entfernt, und damit am weitesten davon, was wir Kunst, Wissenschaft und Weisheit nennen. In der Hierarchie der Wissenschaften sind die theoretischen den praktischen überlegen und unter den theoretischen die Weisheit allen übrigen, weil sie sich mit den ersten Ursachen befaßt, mit dem Verständlichen an sich (Nr. 34). Deshalb beruhigt sich der Mensch erfahrungsgemäß auch nicht bei der Erkenntnis der sinnlich erscheinenden Einzelwesen, sondern versucht, zum Wesen der Wirklichkeit vorzudringen. Am Individuum erfaßt der Verstand nur akzidentelle und veränderliche Eigenschaften, wie an diesem oder jenem Menschen Geburtsort, Größe, Augenfarbe, Haarwuchs und so weiter. Das Wesen des Einzelnen bleibt dem Verstand verschlossen. Daß ein Mensch von dem anderen verschieden ist, ist leicht feststellbar, der Grund dieses Andersseins entschwindet jedoch bei genauerem Hinsehen. Über das Einzelne als Einzelnes gibt es keine eigentliche Wissenschaft, die zum Wesen des Einzelseins vordringen könnte. Strenges Wissen gibt es erst im Reich des Allgemeinen.

Erst im Bereich des Allgemeinen ist auch der Übergang von dieser sinnlichen zur übersinnlichen Wirklichkeit möglich. In diesem Bereich vollzieht sich der Übergang von dem für uns Früheren und Bekannteren zu dem an sich Früheren und Bekannteren, den Ursachen des Seienden, die, wie mehr Seinsgehalt, so auch mehr Erkennbarkeit haben.

4. Kapitel

Schlüsselbegriffe des thomistischen Systems

Angesichts der Aufgabe, vom Ersterkannten zu seinen Gründen vorzuschreiten, den Weg von der Sinneswirklichkeit zu den ersten Gründen zu bahnen und die Gesamtwirklichkeit in einen begrifflichen Zusammenhang zu bringen, haben Thomas und die Thomisten einige charakteristische Begriffe geschaffen, die deshalb als Schlüsselbegriffe bezeichnet werden dürfen, weil sie dem Thomismus den Übergang von dem Ersterkannten zur Gesamtwirklichkeit auf charakteristische Weise gestatten und weil sie als diese für den Thomismus charakteristischen Begriffe Schlüssel für die Erkenntnis der Struktur des Thomismus sind.

1. Der Begriff des Seienden

Die Sinneserkenntnis ist der Anfang der Erkenntnis und ist, wie Thomas sich ausdrückt (S. Th. I, 84, 6), Materie der Ursache der intellektuellen Erkenntnis. Das durch die Sinne Erfaßte und in der Einbildungskraft Vorgestellte ist dem geistigen Vermögen des Verstandes unangemessen, es ist partikulär und individuell. Es wird durch den tätigen Verstand beleuchtet und einsehbar gemacht. Wie das materielle Licht die Farben sichtbar macht, so das geistige Licht das Wesen der Dinge und das Seiende im Allgemeinen.

Der Verstand vermag das Wirkliche nur vermittels des Verstandeslichtes zu erkennen. Durch dieses Licht treten am Wirklichen Bestimmungen in das Blickfeld, die an sich erkennbar sind, die jedoch infolge der Verbindung mit der Materie in den Einzelwirklichkeiten verdeckt sind. Es gehört zum Wesen der Körperdinge, mit Materie verbunden zu sein, und Materie als reales Sein-Können ist entweder gar nicht oder nur schwer einsehbar. Farben, die bloß der realen Möglichkeit nach an der noch nicht aufgeblühten Rose da sind, können nicht wahrgenommen werden, weil sie erst potentiell da sind und weil das Potentielle nur erschlossen, weder wahrgenommen noch eingesehen werden kann.

Voraussetzung dieser Sicht ist, daß es am Wirklichen selber die aktuellen, bestimmten Formstrukturen und die Potentialität der Materie gibt.

Diese Voraussetzung ist keine Selbstverständlichkeit. Kant hat die innere Einsehbarkeit der Dinge geleugnet und verlegte die erkannten Strukturen in die Formen der Anschauung und des Verstandes. Die Kantische Auffassung der Erkenntnis ist dann vollziehbar, wenn man sich das Verhältnis von dem die Sinnlichkeit affizierenden Ding an sich, den apriorischen Anschauungsformen und den Kategorien des Verstandes als ein harmonisches denkt, als ein Verhältnis der möglichen Überformbarkeit, so etwa wie das von Stoff und Form in der Scholastik. Auf diese bei Kant stillschweigende Voraussetzung einer harmonia praestabilita zwischen Ding an sich und den Formen der Anschauung und des Verstandes hat der deutsche Idealismus durch Eliminierung des Dinges an sich verzichtet. Da das subjektive Erkenntnisvermögen jedoch nicht als Schöpfer der Gesamtwirklichkeit gedacht werden kann, ist der Erkennende trotz aller Spontaneität der Erkenntnis darauf angewiesen, das zu setzen und hinzunehmen, was ein absolutes Ich voraussetzt.

Würde man annehmen, daß das vorgefundene, wirkliche Seiende etwas menschlicher Erkenntnis gegenüber völlig Fremdes, Dunkles ist, dem keine Beleuchtbarkeit und keine Form innewohnt, dann wäre dieses Fremde durch das Verstandeslicht nicht assimilierbar; das einzige, was der Mensch am Seienden zu erkennen vermöchte, wäre dann das Licht selber, das er in es hineinträgt; es gäbe, mit anderen Worten, keine Erkenntnis.

Wenn Erkennen Erkennen sein soll, Setzen und Erfassen eines Gegenstandes, wie er ist, dann bedarf es eines Eindrucks des Gegenstandes *(species impressa)*, eines für die Erkenntnis assimilierbaren Seins des Gegenstandes im Erkennenden, eines *esse ideale* oder auch eines *esse intentionale* des Gegenstandes, in dem und durch den die Züge des Gegenstandes abgelesen werden können, wie er an sich ist.

Schon die Sinneserkenntnis bedarf dieses erkenntnismäßigen

Eindrucks, um den erkenntnismäßigen Überstieg zum Gegenstand zu ermöglichen. In der verstandesmäßigen Erkenntnis, die nach thomistischer Auffassung auf das in der Wirklichkeit grundgelegte Allgemeine gerichtet ist, ist die Bereitung des Gegenstandes im Erkennenden eine entsprechend umständlichere. Die materiellen Gegenstände, deren Wesen das Ersterkannte des Verstandes nach Thomas ist, sind nach aristotelischer Auffassung aus Stoff und Form zusammengesetzt – diese Zusammensetzung macht verständlich, wie aus einem Etwas ein anderes Etwas wird, worauf später noch zurückzukommen sein wird – und dieser Stoff, der Potentialität, reale Möglichkeit bedeutet, widersetzt sich dem Erkennen dergestalt, daß der Verstand auf seine erkenntnismäßige Durchdringung verzichten muß. Da der Stoff – nach dem Thomismus – nicht nur Wesensbestandteil der materiellen Dinge ist, sondern auch der Grund der Individuation, verlieren die Sinnesdinge im Prozeß ihrer erkenntnismäßigen Aufbereitung durch Absehung vom Stoff vermittels der Tätigkeit des Verstandes die individuelle Gestalt; Materie und Individualität verschwinden, es bleiben als Resultat die allgemeinen Bestimmungen der Form, die im erkenntnismäßigen Ausdruck *(species expressa),* kurz in der wirklichen Erkenntnis zum Vorschein kommen. Zur Erfassung der zu diesen allgemeinen Bestimmungen gehörenden Individualität ist die Erkenntnis auf die entsprechenden Sinnesbilder zurückverwiesen.

Bevor die Dinge als dies oder das erscheinen, erscheinen sie als Seiendes. Was ist dieses Seiende? In welchem Verhältnis stehen die Wesenheiten zum Seienden? Erscheint das Seiende ausschließlich in und an den einzelnen Wesenheiten, oder ist es ihnen übergeordnet, so daß der allgemeine Begriff des Seienden unabhängig von ihnen gedacht werden kann? Meint der Begriff des Seienden die Wesenheiten und höchsten Gattungen unmittelbar, wie der Thomismus lehrt, oder steht er jenseits der konkreten Wesenheiten, jenseits jeder Gattung, die er, nachdem er vorher selber in seiner Reinheit gedacht wurde, zu denken gestattet, wie es die Auffassung des Scotismus ist? Enthält der Begriff des Seienden die Bestimmungen des Wirklichen aktual, wenn auch unklar und verworren in sich, oder läßt er sich von allen übrigen Wirklichkeitsbestimmungen trennen, so daß alle

übrigen Bestimmungen, die man mit ihm verbinden will, von

außen zu ihm hinzukommen? Kann der Seinsbegriff, wenn er alle übrigen Bestimmungen in sich enthält, noch eindeutig sein, und wenn er diese Bestimmungen nicht enthält und eindeutig ist, kann es dann noch zusätzlich Bestimmungen geben, obwohl sie doch als verschieden vom Seienden nichts zu sein scheinen. An der Beantwortung dieser Fragen muß sich zeigen, ob der Begriff des Seienden die ganze Fülle der Wirklichkeit umfaßt oder bloß eine letzte, einfachste, dünnste Entität meint, die erst Konkretion im Zusammenhang mit von außen herangetragenen Differenzen gewinnt. Der Thomismus ist der ersten, der Scotismus der zweiten Auffassung.

Die Grundüberlegung, die Thomas zu unserer Frage im ersten Artikel der ersten Quaestio De veritate anstellt, lautet folgendermaßen: »Dem Seienden kann nichts, wie eine außer ihm vorkommende Natur, hinzugefügt werden nach Art, wie die Differenz der Gattung hinzugefügt wird, oder das Akzidens dem Subjekt, weil jedwede Natur wesentlich Seiendes ist.«

Wenn dem Begriff des Seienden keine Differenzen von außen hinzugefügt werden können, dann sind die Dinge als Seiende durch ihr Seiendsein identisch, denn sie sind ja alle seiend, sie sind durch dieses Seiendsein jedoch auch verschieden, denn sie sind ja durch seiende Differenzen verschieden. Wenn der Begriff des Seienden infolgedessen kein eindeutiger Begriff sein kann, sondern als teils identisch, teils verschieden, analog zu nennen ist, dann fehlt ihm, so ist zu befürchten, jene Eindeutigkeit, die ihn für Zwecke des wissenschaftlichen Beweises verwendbar macht. Auf Grund dieser Erwägungen erheben die Scotisten gegen den Thomismus den Vorwurf des Agnostizismus, worauf die Thomisten antworten, die Beweisführungen der Theologie und Metaphysik seien, wie schon bei Aristoteles, analog, beruhten auf einem analogen Mittelbegriff (vgl. Jakob Maria Ramirez: De Analogia secundum doctrinam aristotelico-thomisticam. Madrid 1922, S. 70–71).

Die Thomisten ihrerseits befürchten bei der scotistischen Lösung des Problems des Seienden, eine solche Ontologie führe notwendig zum Pantheismus, allerdings eine Konsequenz, die keineswegs einleuchtet. So wie die einzelnen Menschen immer noch selbständige Individuen bleiben, wenn sie unter dem allgemeinen Begriff vernünftiger, sterblicher Lebewesen gedacht werden, so bleiben auch die Wirklichkeiten, was sie sind, wenn 59 es gelingen sollte, sie einem allgemeinen eindeutigen Begriff unterzuordnen.

Der Begriff des Seienden im Scotismus ist einfach. Er entspricht dafür jedoch nicht dem geläufigen Sprachgebrauch. Denn ist Seiendes formal nur die einfachste, dünnste Struktur an der Wirklichkeit, so ist die Fülle des Wirklichen formal nicht seiend, höchstens durch die Einheit mit dem Begriff des Seienden auch seiend zu nennen, wobei die letzte, spezifizierende Differenz als eigentlich bestimmende nicht wieder seiend sein kann, sonst ließen sich an ihr wieder Seiendes und Bestimmung dieses Seienden unterscheiden, und man käme niemals an ein Ende. Daß die scotistische Sprache dem geläufigen Sprachgebrauch widerspricht, ist für den gesunden Menschenverstand ein Ärgernis: daß seiend nur das Abstrakte sei, die Differenzen des Seienden, die es über das abstrakte Etwas, das Nichtnichts hinaushöben, Nichtseiendes seien und dabei als dieses Nichtseiende das Seiende doch zu differenzieren vermöchten.

Gegenüber solchen Bedenken ist darauf hinzuweisen, daß Nichtseiend und Nichts nicht einfach zu identifizieren sind, auch im Thomismus nicht. Denn auch für den Thomisten setzt sich das Seiende aus Sein und Wesen, esse und essentia, zusammen, die selber kein Seiendes, aber auch kein Nichts sind. Nicht seiend kann demnach einfach das absolute Nichts, auch das einfache Gedankending, dem kein anderes Sein als das des Gedachtseins entspricht, oder das Prinzipiensein von Seiendem bedeuten.

Diese Sachverhalte sind bloß deshalb so schwer zu denken, weil das Seiende der eigentliche Gegenstand des Verstandes ist.

Nach thomistischer Auffassung meint der Begriff des Seienden, des »Etwas, das ist«, der in seiner Einheit alles Wirkliche umspannt, Substanz und Akzidens, Gott und Welt, die einzelnen Wesenheiten unmittelbar.

Zur Begründung dieser These beruft sich der Thomismus auf Aristoteles und die aristotelische Tradition und besonders darauf, daß die sogenannten »transcendentia« oder »transcendentalia« mit dem Seienden vertauschbar sind.

Nach dem Thomismus gibt es fünf solcher »transcendentalia«, das Eine, die Sache, das Gute, das Wahre, das Etwas, wozu bisweilen noch das Schöne hinzukommt.

Der Mensch ist ein Seiendes, das heißt, er hat eine menschliche Natur, der es zukommt, zu sein; er ist ein Eines, insofern sein

Wesen nicht gespalten ist; er ist eine Sache, ein Ding, das heißt kein Phantasieprodukt; ein Gut, Gegenstand des Wollens; ein Wahres, Gegenstand des Verstandes; ein Etwas, das heißt ein Ding, das von allen anderen verschieden ist.

Das Seiende ist nach thomistischer Auffassung ein »Etwas, das ist«, »ein Wesen, das ist«. Auf welchen Aspekt innerhalb des Seienden ist der Akzent zu legen: auf das Wesen, das existiert *(ens ut nomen)*, oder auf das Existieren des Wesens *(ens ut participium)*. Das Seiende kann so gemeint sein wie der Arbeiter oder das Arbeiten des Arbeiters. Bald liegt der Akzent auf der Tätigkeit, auf dem Existieren, bald auf dem Wesensgrund, der diese Tätigkeit ermöglicht, wobei die Tätigkeit oder das Existieren ein Aktuales oder ein Potentielles sein kann.

Es ist Cajetans Auffassung, daß das Seiende, das in die zehn Kategorien eingeteilt wird, hauptsächlich Seiendes im Sinn des Existierens, des aktualen oder potentiellen, eines Wesens ist. Diese Ansicht leuchtet ein, wenn man bedenkt, daß das Existieren kein fremder oder akzidenteller Bestandteil dieses Wesens ist, sondern seine letzte Vollendung. Im Unterschied von Thomas waren Avicenna, Alfarabi und Algazel davon überzeugt, daß das Existieren bloß akzidentell zum Wesen hinzukomme und daß die fünf Transzendentalien nicht von der Natur, sondern bloß von dem Wirklichsein, von dem Existieren des Wesens aussagbar seien. So sei die Aussage: »Der Mensch ist ein Seiendes«, nicht gestattet und infolgedessen auch nicht ohne weiteres die Aussage, der Mensch ist ein Eines, ein Wahres, ein Gutes. Innerhalb der Gesamtwirklichkeit gibt es Wirkliches, das nur aktual ist, die Fülle des Wirklichen vollkommen an sich besitzt. Das uns erfahrbare Wirkliche ist teils aktual, teils potentiell. Jede werdende, sich entwickelnde Wirklichkeit entwickelt sich, insofern sie Möglichkeiten verwirklicht, die in ihr stecken, die bisher noch nicht verwirklicht waren. Durch das Phänomen des Werdens, Sichveränderns, Sichentwickelns werden die Realpotenz und ihre Aktuierung sichtbar.

Das Seiende ist Seiendes in und an den zehn allgemeinsten Gattungen, Kategorien, Prädikamenten, die Thomas folgendermaßen abzuleiten versucht: Ein Prädikat könne in einer Aussage dreierlei bedeuten: erstens etwas mit einem Subjekt Identisches. In dem Satz: Sokrates ist ein Lebewesen, sei Lebewesen mit dem Subjekt Sokrates identisch. Das Prädikat könne zweitens aber 61 auch etwas aussagen, das dem Subjekt inhäriere, sei es an sich und absolut, wie beispielsweise die Quantität als Folge der Materie und die Qualität als Folge der Form, sei es nicht absolut, sondern nur in bezug auf etwas anderes, die Relation. Das Prädikat kann drittens auch einem Umstand entnommen werden, der völlig oder teilweise außerhalb des Subjekts ist, wie Kleidung, das Wann, das Wo, die Lage, oder nicht völlig außerhalb, wie das vom Subjekt ausgehende Tun und das am Subjekt endende Erleiden (in Met. 5, lect. 9, nn. 889–893). Während der Thomismus das Seiendsein der Dinge nicht durch Abstraktion von den Dingen – die ja selbst seiend sind –, sondern *durch Herausheben* der Form des Seiendseins an den Dingen *(abstractio formalis)* sichtbar macht, gelangt Duns Scotus zum Begriff des Seienden (I Sent., dist. 3, q. 1 und 3; vgl. dist. 8, q. 2), indem er schrittweise zu allgemeineren Sachverhalten aufsteigt: die Menschen stimmen in ihrer menschlichen, Mensch und Tier in ihrer animalischen Natur, Mensch und Stein in der Körperhaftigkeit, Substanz und Akzidens im Seiendsein überein *(abstractio totalis)*. Das Seiende ist nach dieser Auffassung der Substanz und dem Akzidens über- und vorgeordnet. Es ist das erste Aufbauelement jeder Wirklichkeit; von jedem Wirklichen kann ich diese Aussage machen, daß es ist, daß es nicht nicht ist oder daß es real möglich ist. Auf die Existenz oder Nichtexistenz kommt es im Unterschied zum Thomismus nicht primär an, sondern auf das Nichtnichtsein, auf die Möglichkeit in ihrem dünnsten, dafür aber streng eindeutigen, aussagescharfen Gehalt.

Die Abstraktion erzeugt nach Scotus die logischen Eigenschaften des Begriffs des Seienden, beispielsweise seine Allgemeinheit in der Aussage, sie trennt auch den Gehalt des Seienden von den mit ihm verbundenen anderen Gehalten, die in Wirklichkeit nicht von ihm getrennt sind, sondern nur objektiv am Gegenstand unterschieden, sie erzeugt jedoch kein Moment, zwecks Erfassung einer Wirklichkeit, das es an dieser Wirklichkeit nicht auch formell gäbe. Hierin unterscheiden sich Scotismus und Thomismus. Auch für Thomas hat das Allgemeine objektive Bedeutung; die einzelnen Bestimmungen, die der Verstand über es aussagt, sind auch im Wirklichen grundgelegt, sind jedoch formell unterschieden so nicht an ihm selber. Die im Gedanken verschiedenen Momente, formalitates, realitates, sind nach dem Scotismus wirklich und formell unterschieden auch am Gegenstande, doch an ihm in anderer Seinsweise als im Gedanken. Nach dem Thomismus sind die sogenannten metaphysischen Grade nicht formell, sondern virtuell am Dinge vorhanden, das heißt, wir können den Gehalt der Dinge nur denken vermittels von Begriffen, die in der Sache zwar grundgelegt, aber nicht formell und unterschieden an ihr vorhanden sind.

Aus diesem Unterschied zwischen Thomismus und Scotismus ergibt sich der Unterschied in der Lehre von den Unterscheidungen. Nach dem Thomismus gibt es einen sachlichen und einen gedanklichen Unterschied, eine *distinctio realis* und eine *distinctio rationis*. Der sachliche Unterschied ist der zwischen Sache und Sache, der gedankliche Unterschied zwischen Gedanke und Gedanke, und sofern letzterer einen Wirklichkeitsbezug hat, bezieht er sich auf die Sache, die mit Hilfe von verschiedenen Gedankeninhalten gedacht wird, ohne daß diese Inhalte an ihr so unterschieden vorhanden wären. Nach Scotus gibt es diese rein virtuelle Unterscheidbarkeit nicht. Die Sache enthält die verschiedenen gedachten Momente formell an sich, und deshalb gibt es nach Scotus eine Unterscheidung zwischen Sache und Sache, Gedanke und Gedanke, und die Unterscheidung der verschiedenen Momente, formalitates, realitates an der einen und selben Sache, und nicht nur an dem Begriff der Sache (distinctio actualis formalis ex natura rei).

Diese formalitates sind bald mehr, bald weniger formell und oft nur schwer genau unterscheidbar von den sogenannten modi des Seienden. Sokrates kann zwar ohne seine räumlichen Bestimmungen gedacht werden, obwohl der wirkliche Sokrates sich so oder so an dieser oder jener Raumstelle befindet. Dieses sein Insein und Wiesein im Raume berührt sein Wesen nicht, ist nur eine äußerliche Weise seines Seins *(modus extrinsecus),* während die Intensität einer Farbe, eines Klanges diese Farbe, diesen Klang in ihrem Wesen berührt, eine Weise ihres Wesens ist, das bei verschiedenen Weisen das gleiche bleibt. Wenn ich das Wesen angemessen denken will, muß ich es mit seinen modi denken, kann es aber richtig auch ohne diese modi erfassen. Der modale Unterschied *(distinctio modalis)* ist derjenige einer Sache in ihren verschiedenen Existenzweisen.

Auf das Seiende angewendet, bedeutet die Lehre von den modi, 63 daß das Seiende endlich oder unendlich, potentiell oder aktual, notwendig oder möglich, abhängig oder unabhängig, substantiell oder akzidentell, absolut oder relativ, einfach oder zusammengesetzt, eines oder vieles, identisch oder verschieden, früher oder später, verursacht oder unverursacht, hinausragend oder überragt ist – das sind die von Scotus so genannten »transcendentalia disiunctiva«, weil eines der Glieder jedem Seienden zukommt –, daß jedoch diese Transzendentalien nicht so mit dem Seienden verbunden sind, daß man dieses nicht ohne sie denken könnte.

Eine weitere Klasse von Transzendentalien sind nach Scotus die einfachen Vollkommenheiten, welche in jeglichem Seienden einen Vorzug schlechthin darstellen (perfectio simpliciter, quae in quolibet est melius ipsum quam non ipsum), weil sie der Einteilung des Seienden in Endlich und Unendlich vorausgehen, Endliches und Unendliches umgreifen.

Die eigentlichen und ersten, die klassischen Transzendentalien sind das Eine, das Wahre und das Gute. Sie sind nach Scotus vom Seienden verschieden, gehören nicht zu seinem Wesen, sind jedoch mit jedem Seienden verbunden (unitive contenta). Sie kommen zum Seienden hinzu, sind nicht Seiendes, sondern schlechthin einfache Sachverhalte und Begriffe, simpliciter simplicia, wie letzte Differenzen.

Begriffe sind etwas Allgemeines, das sich auf Vieles bezieht und von diesem Vielen ausgesagt werden kann. Begrifflichkeit und Allgemeinheit sind zuerst einmal gedankliche Beziehungen, in bezug auf die zu fragen ist, ob an den Wirklichkeiten ihnen etwas genauer oder weniger genau entspricht. Nach Thomas entspricht dem gedanklichen Allgemeinen das in Vielen verwirklichte Wesen, das durch Abstraktion von seinen Vereinzelungsmerkmalen befreit wird. Dieses Eine, das Resultat der Abstraktion ist, ist verwirklicht in Vielen und aussagbar von Vielen. Das Wort ist Zeichen des Allgemeinen (universale in significando). Der Begriff ist Repräsentation des Allgemeinen (universale in repraesentando), dem in den Dingen der Wesenskern (universale in essendo) entspricht.

Allgemeinheit als solche ist nicht vorfindbar in der Natur, in der vom Erkennen unabhängigen Wirklichkeit. Sie ist als solche nur bei Begriffen und Wörtern oder Termini.

Die Auseinandersetzungen der Schulen in bezug auf das

universale in essendo ließen an der Möglichkeit einer richtigen Lösung zweifeln. Ockham verzichtete deshalb auf das universale in essendo und beschränkte sich auf das universale in repraesentando und significando. Gemäß dieser Ansicht sind die verschiedenen Dinge, die in einer Art zusammengefaßt werden, keineswegs durch ein einziges, einheitliches Wesen, beispielsweise das Menschsein bei Sokrates und Platon, identisch. Trotzdem ist die begriffliche Zusammengehörigkeit von Sokrates und Platon offensichtlich. Sie kann nicht geleugnet werden, Platon steht in seinem Sein Sokrates näher als einem Esel, wie Ockham sagt. Diese Zusammengehörigkeit konnte durch die Gemeinsamkeit desselben allgemein menschlichen Wesens erklärt werden, Ockham verzichtet jedoch auf die Annahme solcher allgemeiner Wesen in der Wirklichkeit und erklärt die Zusammengehörigkeit aller Menschen unter den Begriff des Menschseins durch ihre höchstmögliche individuelle Ähnlichkeit an ihnen selber.[13]

Der strengen Allgemeinheit des Begriffs entspricht an den Dingen nur ein Ungefähr an Gleichheit. Damit ändert sich wenig an der begrifflichen Ordnung, jedoch viel an ihrer ontologischen Bedeutung. In vielen Fragen der begrifflichen Ordnung steht Ockham auf dem Boden des Scotismus, er muß jedoch die scotistische Lehre von den Wesensstrukturen an den Dingen und die damit verbundene Unterscheidungslehre, besonders die distinctio formalis a parte rei, ablehnen (vgl. Summa logicae, 1. Teil, Kap. 16. Ed. Ph. Boehner. New York–Louvain–Paderborn 1957, S. 49–52). Seiend kann ein Ding heißen, das aus weiter Ferne aufscheint, schon irgendwie erkennbar wird und dabei noch so unerkennbar bleibt, daß ich von ihm nur sagen kann, es sei Etwas und nichts mehr. Wird es dann deutlicher, bleibt die Aussage, daß es ein Etwas, ein Seiendes sei, neben der genaueren Erfassung immer noch wahr (vgl. Quodlibeta 1, q. 13; bei Philoteus Boehner: Ockham. London–New York 1962, S. 31–32).

---

[13] Non enim sequitur: Sortes et Plato plus conveniunt quam Sortes et asinus, igitur in aliquo plus conveniunt. Sed sufficit, quod seipsis plus conveniunt. Unde dico, quod Sortes per animam suam intellectivam plus convenit cum Platone quam cum asino, et se toto plus convenit cum Platone quam cum asino (Summa logicae, 1. Teil, Kap. 17. Ed. Ph. Boehner. New York–Louvain–Paderborn 1957, S. 53).

Das gleiche Resultat gewinnt man aus einer Schlußfolgerung, der Ockham Überzeugungskraft zuerkennt (vgl. Summa totius logicae, 1. Teil, Kap. 38, S. 98–99): Gesetzt, ich zweifle an den Sätzen A ist B und A ist C, so kann ich einen dritten Satz über A hinzufügen, in bezug auf den es keinen Zweifel gibt: nämlich A ist Etwas. Folglich ist das Prädikat Etwas von den Prädikaten B und C verschieden. Es ist allgemeiner als B und C – dieses Etwas kann von jedem beliebigen Seienden ausgesagt werden. Bei zunehmender Verdeutlichung des Gegenstandes entspricht dem allgemeinsten Etwas allerdings ein je Verschiedenes, so daß das allgemeinste Etwas zu einem mehr deutlichen Begriff wird.

Franz Suárez stimmt der thomistischen Kritik an Scotus zu, nicht seiende Bestimmtheiten könnten in Wirklichkeit nicht bestimmen (Disputationes metaphysicae, disp. 2, sect. 5), er ist jedoch der Auffassung, man könne den Seinsbegriff logisch von seinen weiteren Bestimmungen trennen (sect. 6, 7). Diese Bestimmungen seien in ihrem allgemeinsten Charakter seiend, aber nicht als diese besonderen Bestimmungen, die nach dem Thomismus aktual konfus oder implicite im Begriff des Seienden mitgedacht werden. Die zusätzlichen Bestimmungen am Seienden erfolgen gemäß Suárez keineswegs dadurch, daß das am Seienden implicit, verschwommen Mitgedachte aktual gedacht würde, wie der Thomismus meint, sondern dadurch, daß der weniger deutlich gedachte Begriff deutlicher gedacht wird (disp. 2, sect. 6, n. 10). Während das Seiende bei Scotus bald die Existenz, bald die Wesenheit meint, bedeutet es bei Suárez alles, was eine wirkliche Wesenheit hat, wobei die Wirklichkeit der Wesenheit eine bloß mögliche oder auch eine aktuale sein kann.

In seinem Handexemplar des »Compendium Metaphysicae« von Daniel Stahl – die Bemerkungen Leibnizens und die von ihm unterstrichenen Stellen wurden erstmalig in der Akademieausgabe, 6. Reihe, 1. Bd., Darmstadt 1930, S. 21–41, veröffentlicht –, zu dem Leibniz seine Bemerkungen machte und dessen wichtigste Stellen er unterstrich, finden sich einige Bemerkungen, die die frühzeitige Hinneigung Leibnizens zum Scotismus beweisen. Bei Stahls Ausführungen über die Analogie distanziert er sich von Stahl und Fonseca und bekennt sich zu Scotus (S. 29, Anm. 30: Erravit autor, insistens verbis Aristotelis quae non recte intellexit, et cum eo Fonseca, non vero Scotus). Stahl wendet sich gegen die distinctio formalis der Scotisten. Leibniz bemerkt dazu gegen Stahl, die scotistische Unterscheidung sei doch nicht aus der Luft gegriffen – non fortasse omnino de nihilo est (S. 30, Anm. 38). Den scotistisch-suarezisch orientierten, von Leibniz unterstrichenen Äußerungen Stahls über den Begriff des Seienden in seinen Erörterungen über den Gegenstand der Metaphysik scheint der junge Leibniz ohne Widerspruch zuzustimmen. Wenn das Seiende als Seiendes Gegenstand der Metaphysik sei, müsse, so meint Stahl, gefragt werden, um welches Seiende es sich hier handele, um das allerallgemeinste Seiende, das speziellere, oder beides zusammen. Wenn es sich in der Metaphysik um das Allerallgemeinste handele, so schließe es die Unterschiede von Substanz und Akzidens aus – was ein Grundgedanke des Scotismus ist. Und nach der Meinung Stahls ist auch das Akzidens wieder der generelle Allgemeinbegriff für alle Akzidenzien, während die Akzidenzien nach thomistischer Auffassung nicht unter einen eindeutigen Begriff gebracht werden können, sondern als je anders und anders an der Substanz haftend zu denken nur unter einem analogen.

Wie bei Scotus und Suárez ist bei Leibniz das Seiende vom Möglichen her gedacht. Seiend ist für Leibniz alles, was möglich ist, und möglich alles, was widerspruchslos ist.[14] Doch Leibniz ist den abstrakten Begriffen, die dem Scotismus lieb sind, abhold und will sich dabei nicht aufhalten. Er verliert sich nicht in die Untersuchungen über die Zusammensetzung der Wirklichkeiten aus Momenten, der res aus realitates, und entwickelt auch keine dem Scotismus ähnliche Unterscheidungslehre, nicht zuletzt aus Furcht, seine Untersuchungen möchten in den breiten Strom der Theologie einmünden (vgl. Couturat: Opuscules, S. 437, 512, 435 u. 400), und weil auf dem schwer erforschbaren Felde, im Unterschied zum mathematischen und physikalischen (vgl. Opuscules, S. 336 u. 400), gesicherte Ergebnisse kaum zu erwarten waren.

---

[14] Ens seu possibile. Existens est illa possibilium series quae plus involvit realitatis, et quicquid illam ingreditur ... Existens definiri non potest, non magis quam Ens seu pure positivum, ita scilicet ut possit notio aliqua clarior nobis exhiberi ... (Gaston Grua: G. W. Leibniz. Textes inédits. Paris 1948, S. 325; vgl. Louis Couturat: Opuscules et fragments inédits de Leibniz. Paris 1903, S. 261 u. 364).

Am Schluß einer gerafften Behandlung des Begriffs des Seienden bei wichtigen scholastischen Autoren ist ein Hinweis auf Motive der so verschiedenartigen Begriffsbildung nicht fehl am Platz.

Thomas hat das Gewicht sowohl des Einen wie des Vielen, die sich gleichermaßen in seinem Begriff des Seienden widerspiegeln, ernst genommen. Es ist gewiß die Ehrfurcht vor dem erfahrbaren Mannigfaltigen, die bei ihm die Mannigfaltigkeit nicht untergehen ließ.

Der Scotismus kam mit seinem eindeutigen Begriff des Seienden dem Anliegen der Wissenschaftlichkeit, der Klarheit und Deutlichkeit entgegen. Deshalb setzte er sich zeitweilig durch, was am deutlichsten an Franz Suárez sichtbar wird, der Thomismus und Scotismus zu versöhnen versucht, dabei des öfteren stärker scotistisch als thomistisch ist.

Wilhelm Ockham empfand Überdruß an den vielerlei metaphysischen Spekulationen, die sich mit dem Begriff des universale in essendo, des Allgemeinen im Wirklichen, ergaben. Er hat mit abstrusen Spekulationen wertvolle Überlegungen über Bord geworfen.

Der eindeutige Seinsbegriff entsprach dem wissenschaftlichen Deutlichkeitsbedürfnis Leibnizens (vgl. Opuscules, S. 437). Das Postulat der klaren und deutlichen Erkenntnis ist durch Descartes zum Postulat einer ganzen Denkepoche geworden, und deshalb ist verständlich, daß Leibniz von vornherein auf diesem scotistisch-suarezisch-cartesischen Boden steht, obwohl er die Forderung nach Klarheit und Deutlichkeit seinerseits kritisch weiterentwickelt (vgl. Opuscules, S. 189).

2. Das Ersterkannte und die Analogie des Seienden

Die Eigenart des thomistischen Begriffs des Seienden: daß er einerseits ein eigener Begriff für sich ist, der sich dabei jedoch nicht von dem Begriff besonderer Wesenheiten lösen läßt und der seinen Ursprung im Ersterkannten der Vernunft, in dem mit der Wesenheit materieller Dinge verwachsenen Seienden, nimmt, hat befähigte Thomisten beunruhigt, zu eigenen ausgedehnten Untersuchungen veranlaßt und sie fragen lassen, ob sie das Erbe des hl. Thomas getreu verwalteten, ob sie nicht von seinem

Denken abwichen. Für diesen Sachverhalt seien beispielhaft zwei der bedeutendsten Thomisten, Cajetan und Sylvester von Ferrara, zwei Säulen der thomistischen Bewegung, genannt.

Cajetan hat sich eingehend mit dem Begriff des Seienden in seinem Kommentar zu »De ente et essentia« befaßt. Er sah deutlich, daß die Eigenart des thomistischen Begriffs des Seienden eine eigene Form der Abstraktion, die bis dahin in der Schule mit dieser Deutlichkeit noch nicht gesehen worden war, erfordere, nämlich die formale Abstraktion, die *abstractio formalis*.

Cajetan unterscheidet zu Beginn seines Kommentars zwischen generellen und spezifischen Begriffen, gattungsmäßigen und artmäßigen. Die generellen Begriffe, beispielsweise Lebewesen im Gegensatz zu Mensch, Tier, Pflanze, enthalten die Mannigfaltigkeit der Artunterschiede und der Arten potentiell, virtuell in sich, das heißt, ein Gattungsbegriff kann durch Hinzutreten der Artunterschiede mit einer Mannigfaltigkeit von Artbegriffen verbunden werden. Der Artbegriff enthält – im Unterschied zu dem potentiellen Enthaltensein der Artunterschiede im Gattungsbegriff – seine Wesensmerkmale aktual in sich. Der Artbegriff bezieht sich näher auf die Wirklichkeit, deren Merkmale er begrifflich fixiert und von dorther zu Verallgemeinerungen Anlaß gibt. Er verweist auf übergeordnete Gattungen, der Gattungsbegriff wiederum potentiell auf die Arten und diese auf die Individuen.

Der undeutliche Artbegriff läßt seine begrifflichen Merkmale, die er wirklich enthält, nicht deutlich sehen, der undeutliche Gattungsbegriff läßt die möglichen, mit ihm zu verbindenden Artunterschiede nicht ans Licht treten. Umgekehrt: Der deutliche Artbegriff zeigt alle Wesensmerkmale der Sache, der deutliche Gattungsbegriff beinhaltet die Mannigfaltigkeit der Artunterschiede, die ihn zu verschiedenen Artbegriffen werden lassen.

Nennt man die Erkenntnis des Gattungsbegriffes, weil sich auf Arten beziehend, potentiell oder virtuell, diejenige der Arten, weil auf die aktualen wirklichen Merkmale gerichtet, aktual, so kann man die Erkenntnis in eine aktual undeutliche, potentiell undeutliche und aktual deutliche und potentiell deutliche einteilen. Dieser Einteilung folgt nach Cajetan die Reihenfolge der Schritte im methodischen Erwerb unserer Erkenntnisse.

Mit der Behauptung, die aktual-konfuse Erkenntnis des Seienden am Wesen der Körperdinge sei die verschwommenste (vgl.

De ente et essentia, ed. de Maria, S. 373–374) und damit der Zeit nach erste, hatte sich Cajetan einer wenigstens scheinbaren Inkonsequenz ausgesetzt. Denn in anderem Zusammenhang (S. 379) behauptet er, verschwommener sei das, was ohne Ordnung in einem Begriff enthalten sei, was aber aktual in einem Begriff enthalten sei, sei, weil geordnet, weniger verschwommen, weniger konfus als das, was mehrere Bestimmungen potentiell, das heißt ohne Ordnung, enthalte, wie die Gattung, die die Artunterschiede in reiner Potenz enthalte. Letztere müsse also die konfusere, verschwommenere sein.

Cajetan hätte auf den Einwand antworten können, die verschwommene, gattungsmäßige Erkenntnis setze die Arterkenntnis voraus, gehe ihr via originis voraus. Zudem handele es sich bei der Erkenntnis des Seienden um eine solche, bei der die gattungsmäßige Erfassung ausgeschlossen sei, weil letztere, im Unterschied zum Begriff des Seienden, weitere Unterschiede höchstens potentiell, nicht aktual enthalte.

Nach dem Scotismus ist das Seiende als das Resultat vieler Abstraktionen das Ersterkannte der Entsprechung (von Verstand und Gegenstand) nach. Das Ersterkannte der Zeit nach ist die speziellste Arterkenntnis, die, weil sie die Merkmale des Ersterkannten noch ununterschieden läßt, als verworren, konfus zu bezeichnen ist (primum cognitum cognitione confusa actuali est species specialissima). Diese aktual-undeutliche Erkenntnis sei das natürliche und beste Ergebnis der anfänglichen Erkenntnis. Wenn dieses Ergebnis im Kontakt mit der Wirklichkeit nicht sofort erreicht werde, sehe man nicht, wie es später noch erreicht werden könne. Zudem seien metaphysische Begriffe, wie das Seiende, niemals Produkt einer ersten, spontanen Erkenntnis, sondern langwieriger philosophischer Erörterungen.

Demgegenüber hat Cajetan die These vertreten, daß es das mit der sinnenfälligen Wesenheit verflochtene Seiende sei, das in aktual-undeutlicher Erkenntnis als deren verschwommenster, unentwickeltster Inhalt zeitlich und entsprechungsmäßig zuerst erkannt werde (ens concretum quiddidati sensibili est primum cognitum cognitione confusa actuali).

Dieser Begriff des Seienden sei freilich weder das Ergebnis der generalisierenden noch der formalen Abstraktion. Die generalisierende Abstraktion steigt von der Art zur Gattung, von dieser zu immer allgemeineren Gattungen, wobei die spezifizierenden

Artunterschiede und die Arten schrittmäßig weggelassen werden und immer inhaltsleerere, potentiellere Allgemeinheiten übrigbleiben.

Die formale Abstraktion trennt die formalen und materialen Bestandteile einer Wirklichkeit voneinander. So kann beispielsweise der Begriff der Linie von dem Begriff der sie tragenden sinnenfälligen Materie gelöst werden. Vermittels der formalen Abstraktion können die beiden unterschiedenen Elemente unabhängig voneinander definiert werden, während in der generalisierenden Abstraktion der Begriff des Menschen, von dem ich abstrahiere, doch potentiell in dem des Lebewesens enthalten sei – potentiell, das heißt dunkel und undeutlich –, während in der formalen Abstraktion beide Bestandteile klar und deutlich heraustreten. Auf den Begriff des Seienden angewendet, bedeutet diese Unterscheidung der Abstraktionen, daß es möglicherweise drei Begriffe des Seienden gibt: einen, der Resultat der generalisierenden Abstraktion ist, jedoch durch die thomistische Überlegung ausgeschlossen wird, seiende Differenzen könnten nicht von außen zu dem Begriff des Seienden hinzutreten wie der Artunterschied zur Gattung; einen anderen, der Resultat der formalen Abstraktion ist und der die Wesensart des Seienden als Seiendes klar von anderen Bestimmungen abhebt – ein Begriff, von dem Cajetan meint, er sei möglicherweise bisher noch gelehrtesten Männern unbekannt (S. 375) –, und endlich den aktualkonfusen Seinsbegriff, der mit den Wesenheiten der sinnenfälligen Dinge verflochten und verwachsen sei. Jedesmal dann, wenn sich die Erkenntnis mit dem Seienden befaßt, ohne es zu generalisieren oder zu formalisieren, haben wir jenen aktual-undeutlichen Begriff des Seienden vor uns. Er ist der unvollkommenste, leerste und undeutlichste Begriff, und deshalb steht er am Anfang des Erkenntnisprozesses.

Nun war Sylvester von Ferrara beunruhigt, ob denn die Spekulationen Cajetans in sich konsequent seien, und besonders, ob sie mit wichtigen Texten, mit Grundanschauungen des Aquinaten übereinstimmten. Diesen Sorgen hat Cajetan eine eigene kurze, gedankenreiche Antwort unter dem Datum des 27. Februar 1509 gewidmet, in der er auf die Frage, ob der Begriff des Seienden, der Gott und Welt, Substanz und Akzidens beinhaltet, in bloß einem Begriff gedacht werden könne oder nicht, eingeht. In »De ente et essentia« schien Cajetan diese Denkbarkeit in einem Begriff zu bejahen (vgl. 2. Kap., Q. 3, S. 400), in seiner Schrift »De nominum analogia« (ed. Zammit, Rom 1934, Nr. 36) jedoch zu verneinen. Hierzu führt Cajetan aus, der Begriff des Seienden sei als analoger ein proportional-einheitlicher Begriff. Wenn etwas einem anderen ähnlich sei, dann sei das Bild des einen auch das Bild des anderen, das Bild der Kreatur ein Bild Gottes (... omnis conceptus creaturae, est conceptus Dei: sicut omnis creatura aliqua est similitudo Dei; ed. Zammit, Nr. 3, S. 98). Der einheitliche Begriff des Seienden enthalte den Begriff des Wesens, an dem sich das Seiende finde, ausdrücklich, er enthalte andere jedoch implicite, sofern diese jenem ähnlich seien. Nach Cajetan ist jedoch auch eine andere Weise, sich das Analoge einfach vorzustellen, möglich. Knochen tragen den tierischen Körper, und ähnlich Gräten. In dieser Funktion sind sich Knochen und Gräten ähnlich. Darin sind sich auch ihre beiden Begriffe ähnlich. Nun kann man das Analoge an ihnen für sich herausstellen, ohne die dazugehörenden Träger Knochen und Gräten zu nennen, sondern einfach von den inneren Trägern des Körpers reden, wobei dann Knochen und Gräten implicite mitgemeint sind. Ohne das Mitdenken der Gräten und Knochen wird die Analogie nicht deutlich. Die Einheit des Begriffs analoger Gegenstände, wie die Einheit des Begriffs des Seienden, ist demnach nur eine Einheit der Analogie nach, nicht eine einfache Einheit der Zahl nach. Diese Einheit der Analogie ist keine aus Zusammensetzung entstandene, sondern eine eigenständige.

Damit ergibt sich eine Antwort auf die Probleme Sylvesters von Ferrara: Thomas lehrte im ersten Kapitel der ersten Quaestio von »De veritate«, der Begriff des Seienden sei ein einfacher Begriff, dem alle übrigen etwas hinzufügen und auf den alle übrigen zurückgeführt werden könnten und der zudem ersterkannt sei; wenn der Begriff des Seienden von einzelnen Wesen nicht losgelöst werden könne, könne er doch nicht der einfachste sein; er sei auch nicht der ersterkannte, nicht der, in den sich alle übrigen zerlegen ließen und zu dem alle anderen etwas hinzufügten (ed. Zammit, S. 98). Damit stellt Sylvester von Ferrara, einer der hervorragendsten Repräsentanten der thomistischen Bewegung, Fragen, die den Kern des thomasischen und des thomistischen Denkens berühren und die Cajetan selber intensivst beschäftigt haben. Deshalb vermochte Cajetan relativ einfach und einleuchtend auf das Gefragte zu antworten. Die Einheit des Begriffs des Seienden sei eine Einheit der Analogie nach, sei keine zusammengesetzte, sondern einfache Einheit. Die Zerlegung von Begriffen in den Begriff des Seienden zeigt Cajetan am Beispiel der Substanz. Substanz-sein besteht in einem besonderen Wesen, nämlich jenem Wesen, dem es zukommt, an sich und durch sich zu sein. Substanz-sein bedeutet danach dieses substanzhafte Wesen und die entsprechende Art der Existenz dieses Wesens. Der Aspekt des Seienden an der Substanz besteht darin, daß die Substanz als dieses Wesen mit der Existenz verbunden gesehen wird. Das Substanzhafte an dem Wesen der Substanz ist das Durchsich und Ansich dieses Wesens. Begnügt man sich mit einem etwas verschwommeneren Begriff des Seienden, der besagt, daß seiend ein Etwas ist, das ist, so ergeben sich die gleichen Resultate.

Um einen wenigstens summarischen Einblick in die Motive und Inhalte der Analogielehre zu gestatten, seien die Fundamente und die verschiedenen Arten von Analogie hier andeutungsweise in Erinnerung gerufen.

Bereits in der Erfahrungswelt gibt es eine Mannigfaltigkeit von Dingen, von denen man sagen kann, daß sie sind, und die dabei doch keineswegs auf die gleiche Weise sind. Die Substanz ruht in sich, die Akzidenzien, wie Quantität, Relation, ruhen auf verschiedene Weise im substantiellen Sein. Trotzdem sind sie, wenn auch anders als die Substanz.

Nun gibt es in der Stufenordnung des Seienden von der sinnenhaft gegebenen Substanz bis zu jener Wirklichkeit hin, in der Wesenheit und Dasein zusammenfallen, wieder verschiedene Seinsweisen. Das Sein Gottes unterscheidet sich von dem Sein der erfahrbaren Wirklichkeiten. Es kann dem geschöpflichen höchstens ähnlich, keineswegs mit ihm identisch sein. Bedenkt man nun, daß der Begriff des Seienden sich nicht von dem Seienden so abstrahieren läßt, daß er von dem mannigfach Seienden absähe – dessen Differenzen dann nicht seiend wären –, so versteht man, daß der Begriff und der Terminus Seiendes ein Terminus ist, der auf Verschiedenartiges verweist, nicht eindeutig ist, jedoch auch nicht rein vieldeutig.

Der Terminus Seiendes veranlaßt, wie zahlreiche andere und vielleicht alle metaphysischen Begriffe, eine Unterscheidung der Termini in eindeutige, mehrdeutige und analoge. Eindeutig ist ein Terminus, dem in jedem Falle derselbe Begriff und dasselbe Wesen entspricht. Mehrdeutig ist ein Terminus, der zur Bezeichnung völlig verschiedenartiger Begriffe und Dinge gebraucht wird, wie zum Beispiel der Terminus Löwe oder Drache für ein Sternbild und für ein Lebewesen. Analog ist der Terminus, dem zwar verschiedenartige, aber in gewissem Sinne proportionell identische Begriffe entsprechen. Die Identität in der Verschiedenheit kann in vielerlei bestehen: in einem flüchtigen Schein, wie dem etwa, daß ein ruhiger, freundlicher See lächelt wie ein zufriedener Mensch, daß der Löwe ein König unter den Tieren wie der Monarch unter den Menschen ist. Die Analogie kann jedoch auch eine innere sein, so zwar, daß die analogen Sachverhalte eine in der Sache beruhende Beziehung haben. Je nach der sachlichen Begründung der Analogie unterscheidet man eine Analogie der Attribution oder Proportion, in der von mehreren Dingen eine gemeinsame Eigenschaft ausgesagt wird, die jedoch oft nur einem im eigentlichen Sinne zukommt, wobei allerdings zuzugeben ist, daß das Analogon auch den anderen Gliedern der Analogie oder Analogata innerlich sein kann. Beispiel für den Fall dessen, daß bei einer Analogie der Attribution der analoge Begriff nur in einem der Gegenstände verwirklicht ist, ist das der Gesundheit. Nur der Mensch oder das Lebewesen ist eigentlich gesund, gesund ist die Lebensweise oder die Luft, weil sie die Gesundheit fördert, und gesund das Aussehen, weil es ein Zeichen von Gesundheit ist. Es ist allerdings bei der analogia attributionis nicht auszuschließen, daß das Analogon in mehreren Analogata verwirklicht ist, so wenn man davon spricht, daß Substanz und Qualität Seiendes sind *(analogia unius ad alterum)* oder daß Substanz, Quantität und Qualität Seiendes sind *(analogia plurium ad unum)*. Ähnlich bei der anderen Art der Attribution: Die Gesundheit des Menschen und der Luft ist eine analogia unius ad alterum und die Gesundheit des Menschen, der Luft und des Gesichtsausdrucks eine analogia plurium ad unum.

Die analogia proportionalitatis, die Analogie der Proportionalität, die Analogie im eigentlichen Sinne, beinhaltet eine Identität der Verhältnisse, wobei das Analogon jedem der Analogata innerlich zukommen muß, wie zum Beispiel, daß in der Analogie zwischen Sinneserkenntnis und Verstandeserkenntnis beide Analogata, die Sinneserkenntnis und die Verstandeserkenntnis, echte

Erkenntnis sind. Die Sinneserkenntnis verhält sich zu ihrem Gegenstand, der Sinneswirklichkeit, wie die Verstandeserkenntnis zu ihrem Gegenstand zum Intelligiblen. Es ist also nicht im Sinne der hier angedeuteten Analogielehre, wenn Kant in den »Prolegomena zu einer künftigen Metaphysik« schreibt, eine Erkenntnis nach Analogie sei eine solche, »nicht etwa, wie man das Wort gemeiniglich nimmt, eine unvollkommene Ähnlichkeit zweier Dinge, sondern eine vollkommene Ähnlichkeit zweier Verhältnisse zwischen ganz unähnlichen Dingen« (§ 58; Insel-Ausgabe, S. 493). Ist nämlich das Analogon nicht in den beiden Gliedern enthalten, so handelt es sich nach thomistischer Auffassung höchstens um eine Metapher, wie: die Wiese lacht, und der Mensch lacht; der Mensch ist zornig, Gott ist zornig. Nach Cajetan ist die Heilige Schrift voll von solchen Metaphern, die aber von echten Analogien sauber zu scheiden sind: »Et huiusmodi analogia Sacra Scriptura plena est, de Deo metaphorice notitiam tradens« (Nr. 25; ed. Zammit, S. 26). Hieran sieht man die Bedeutung der Analogielehre nicht nur für die Metaphysik, sondern auch für das Verständnis der Heiligen Schrift und des Dogmas.

3. Materie und Form, Akt und Potenz

Gemäß dem Thomismus ist das Wesen der materiellen Dinge das für den menschlichen Verstand eigentümliche Objekt, das Seiende daran das Ersterkannte des menschlichen Verstandes. Das Wesen der materiellen Dinge besteht nach dem Aristotelismus aus Materie und Form. Das existierende materielle Ding ist seinerseits aus Wesen und Existenz zusammengesetzt, wobei sich die Materie zur Form und das Wesen zur Existenz verhält wie die Potenz zum Akt. Am Seienden ist das Sein das Akthafteste, die Materie das Potentiellste. Materie und Form, Wesen und Dasein, Potenz und Akt sind Stufen des Seins am Seienden.

Ein zeitgenössischer Thomist, Pater Manser, sieht die Eigenart des Thomismus in der konsequent ausgebauten Akt- und Potenzlehre. Viele Scholastiker hätten diese Lehre vertreten. »In der scharf logischen, konsequenten Durch- und Weiterbildung der aristotelischen Lehre von Akt und Potenz erblicken wir das innerste Wesen des Thomismus!« (P. G. M. Manser: Das Wesen des Thomismus. Freiburg/Schweiz 1935, S. 78). Wir sehen dieses

Wesen eher in einer unermüdlichen unaufhaltsamen Reflexion über den Gegenstand des menschlichen Verstandes, über sein Ersterkanntes, über das Seiende und das Wesen *(de ente et essentia)*, wobei zuzugeben ist, daß Seiendsein, Sein und Wesen, Materie und Form, Akt und Potenz begrifflich eng zusammenhängen.

Das Begriffspaar von Akt und Potenz ist dem Versuch zu verdanken, Sein und Werden in ihrem Zugleich- und Miteinandersein an der Wirklichkeit verständlich zu machen, zwischen heraklitischer und parmenideischer Philosophie zu vermitteln. Gegenüber der heraklitischen These des ständigen Wandels aller Dinge einerseits, der parmenideischen der Bewegungslosigkeit des Seins andererseits lehrt Aristoteles, daß alles Werden, um überhaupt möglich zu sein, eines dauernden tragenden Grundes bedarf, der den Übergang von einer Wirklichkeit zur anderen ermöglicht. Dieser tragende Grund, aus dem heraus das Eine das Andere werden kann und wird, ist nach Aristoteles die reale, gestaltlose, unendlich gestaltbare und bestimmbare Materie, die durch immer neue Formen tatsächlich neu gestaltet wird.

Es gibt außer der Tatsache der Veränderung andere, unleugbare, fundamentale Phänomene, die auf die Zusammensetzung aus Materie und Form hindeuten.

An den materiellen Dingen sind quantitative und qualitative Bestimmungen irreduzibel verschieden. Duhem hat seinerzeit darauf hingewiesen, einen Behälter mit Körnern könne man durch die Hinzufügung von Körnern quantitativ von einem Zentner zu zwei Zentnern steigern, eine Versammlung von Mathematikern und Physikern könne jedoch durch Hinzufügung von noch einigen Teilnehmern qualitativ nicht zum Niveau eines Archimedes oder Leibniz gesteigert werden.

Der Gegensatz quantitativer und qualitativer Bestimmungen an dem gleichen Dinge wird durch den Gegensatz von Materie und Form an ihnen am ehesten verständlich. Das Prinzip der Quantität wäre danach die Materie, das der Qualität die Form (vgl. dazu Ägidius Romanus: Sentenzenkommentar, II. Buch, Dist. 12, Q. 3, Art. 3).

Bei Thomas selbst ist eine weitere Überlegung zugunsten der Zusammensetzung von Materie und Form klar herausgearbeitet (S. Th. I, 3, 1 c. a.). Körper sind teilbar. Sie verlangen außer

ihrer Teilbarkeit ein Prinzip der Einheit und des Zusammenhalts, das nicht wieder aus Teilen zusammengesetzt sein kann. Die Einheit der Körperdinge und ihre Teilbarkeit zugleich, ihre aktuale Einheit und potentielle Vielheit verlangen als Erklärungsprinzipien Grundlagen dieser Einheit und Vielheit, die in Form und Materie gefunden werden können.

Im Kontinuum ist die Form als das Prinzip der Einheit, des Zusammenhalts, der Gestalt zu denken, die Materie als das Prinzip der Vielheit, des Außereinanders der Teile in der Ausdehnung, des Auseinanders. Beiden Prinzipien wohnt nicht nur ein statisches, sondern ein dynamisches Moment inne, ein zentripetales und ein zentrifugales. Materie und Form sind als Aufbauelemente der Wirklichkeit zwar wirklich, es gibt sie jedoch nicht als getrennte Wirklichkeiten. Sie existieren nur am wirklichen Körper, wie der wirkliche Körper nur durch sie ist. Dieser Umstand ist wichtig, wenn man die Lehre von der sogenannten eductio formae ex materia richtig verstehen will. Die Phantasie hat hier viel Unfug gestiftet. Meint man nämlich, die Formen bestünden für sich, dann entsteht die verwirrende Frage, wo denn die Formen vor ihrer Verbindung mit der Materie sind und wohin sie sich bei der Veränderung der Dinge wegbegeben. Die Frage ist ein Phantasieprodukt, weil es die Formen für sich, isoliert, nicht gibt, genausowenig wie die für sich seiende, isolierte Materie. Stellt man sich die Materie als eine selbständige, der Form gegenüber der Zeit nach frühere Wirklichkeit vor, dann wird die eductio formae ex materia, die Heraufführung der Form aus der Materie, zum Prinzip des Materialismus.

Nach aristotelischer Auffassung gibt es die Materie jedoch in Wirklichkeit nur an den Körpern, und die eductio formae ex materia besagt nichts weiter, als daß die Materie sukzessive manches von dem wird, was sie der Potenz nach immer schon ist, und das faktisch wird, nicht aus eigener Tätigkeit, sondern vermittels der sogenannten Wirkursache, die auf den Körper einwirkt, um ihn zu verändern.[15] Diese Einwirkung geschieht in eine gewisse Richtung hin aus gewissen Gründen, hat ein Woher und ein Worumwillen, eine causa finalis.

Betrachtet man Materie und Form als die inneren Ursachen des

[15] Thomas schreibt von der eductio formae ex materia, daß das Werden der

Körperdinges, Wirkursache und Finalursache als deren äußere Ursachen – mit je verschiedener Kausalität auf Grund je verschiedener ontologischer Verfassung (Materie und Form sind Seinsprinzipien, die Wirkursache eine wirkliche Kraft einer wirklichen Substanz, die Finalursache die Vorstellung der Richtung und des Zieles) –, dann hat man die Lehre von den vier Ursachen, die das aristotelische Denken beherrscht, vor sich.

Nach der Rezeption der aristotelischen Physik haben sich bereits im Mittelalter manche Einzellehren als problematisch erwiesen. Zur großen Krise dieser Physik kam es jedoch erst durch die Erneuerung des antiken Heliozentrismus, der an die Stelle der bis dahin herrschenden geozentrischen Theorie treten sollte. Galileis Entdeckung des Fallgesetzes, die Feststellung, daß alle Körper unabhängig von Größe und Gewicht gleichermaßen beschleunigt werden, daß ein großes Stück Eisen grundsätzlich nicht schneller fällt als ein kleines – diese und andere Entdeckungen schlugen alten Überzeugungen ins Gesicht und trugen rasch dazu bei, den Teil der aristotelischen Physik, der sich auf beobachtbare Einzelheiten bezieht, unglaubhaft zu machen. In diesen Teilen war diese alte Physik nicht mehr haltbar, in anderen schwer belastet. Besonders die Annahme von Finalursachen auch in der Natur hatte der Phantasie einzelner Naturphilosophen einen unendlichen Raum für lächerlichste Spekulationen gelassen, die den Gedanken der Zweckmäßigkeit in der Natur schwer belasteten und dazu führten, daß Bahnbrecher des neuen Denkens, vor allem Descartes, die Finalursachen grundsätzlich aus jeder Naturbetrachtung gebannt sehen wollten, während Leibniz und Kant, ersterer mehr, der zweite kritischer, der Finalursächlichkeit in der Natur ihren Platz wieder einräumen wollten.

Anders stand es um die aristotelische Bemühung, unbezweifelbare Tatbestände, wie die der Bewegung, der Räumlichkeit der Körper, des physischen Kontinuums, mit Hilfe einer eigenen Begrifflichkeit verständlich zu machen. Die neue, im Entstehen

Formen der Körperwelt so aufzufassen ist: fieri earum est secundum quod materia vel subiectum reducitur de potentia in actum. Et hoc est formam educi de potentia materiae absque additione alicuius extrinseci (De spiritualibus creaturis, art. 2 ad 8).

begriffene Naturwissenschaft interessierte sich nicht für diese Fragestellungen, war auch außerstande, sie zu beantworten; sie beobachtete, experimentierte und faßte ihre Ergebnisse in genaue Gesetze. Auf dem experimentellen Gebiet konnten die alten aristotelischen Aussagen rasch verbessert und ergänzt werden. Das Bedürfnis nach einem Verständnis der grundlegenden Phänomene der Bewegung und der Körperlichkeit ihrer inneren, nicht mehr physikalischen, sondern seinsmäßigen Verfassung nach blieb dabei bestehen und sollte nun durch die Schöpfung einer neuen, eigenen, philosophischen Disziplin der Naturphilosophie im Gegensatz zu der exakten Naturwissenschaft, die beide in der alten aristotelischen Physik eine Einheit gebildet hatten, soweit überhaupt vorhanden, befriedigt werden.

Die Stoff- und Formlehre, die bis dahin Bestandteil der Physik gewesen war, wurde ein Kapitel der Naturphilosophie. Die Verdrängung des Form-Materie-Schemas aus der Physik bedeutet demnach noch keineswegs deren naturphilosophische Unhaltbarkeit oder Überflüssigkeit. Ebensowenig ist die Akt- und Potenzlehre als metaphysische Schlußfolgerung aus der Form- und Materienlehre widerlegt.

Wir können Albert Mitterer (Das Ringen der alten Stoff-Form-Metaphysik mit der heutigen Stoff-Physik. Innsbruck–Wien–München 1935, S. 106) nicht zustimmen – so anerkennend seine Forschungsergebnisse auch sonst sein mögen –, wenn er schreibt:

»Der physikalische Hylomorphismus des heiligen Thomas ist tot. Es steht schlecht um den physikalischen Hylomorphismus, sehr schlecht. Das wird zugegeben werden müssen: Er flieht seine ehemaligen Gegenstände, ist selbst geflohen von den Wissenschaftern und wird von einer Wissenschaft in die andere geflüchtet. Wir haben das verfolgt. Tot ist nicht bloß der physikalische Hylomorphismus der Körpersubstanzen, sondern ebenso der entsprechenden metaphysischen. Besteht jener physikalische Urstoff und jene physikalische Wesensform nicht, wie Thomas in der Körpersubstanz annahm, so besteht auch jene metaphysische, reine, passive Seinsfähigkeit und jene Seinstatsächlichkeit nicht, die nach ihm mit jenem physikalischen Stoff und jener physikalischen Form identisch war« (S. 140).

Versucht man Materie und Form, deren Begriffe sich aus einer Beobachtung unzweifelhafter Tatbestände, wie Bewegung und 79

Räumlichkeit, nahelegen, metaphysisch, und das heißt seinswissenschaftlich, zu interpretieren, so kommt man zu dem Ergebnis, daß die Materie potentielles, die Form aktuales Sein ist. Die Materie verhält sich zur Form wie die Potenz, die reale Möglichkeit zum Akt, zur Wirklichkeit. Potentielles Sein ist mögliches Sein. Es ist nicht bloß logische Möglichkeit, Widerspruchslosigkeit, sondern Realmöglichkeit. Es ist dennoch kein Seiendes für sich, sondern ein solches, das als Prinzip einer vollständigen Wirklichkeit zum Aufbau dieser Wirklichkeit beiträgt.

Realmöglichkeit ist auf Wirklichkeit hingeordnet, in der sie ihre Erfüllung findet. Wir können uns die Wirklichkeit, den Akt als das vorstellen, wodurch reale Möglichkeit Wirklichkeit wird. Diese Wirklichkeit, dieser Akt kann nicht weiter definiert, sondern höchstens durch Beispiele nähergebracht werden. So kann der Mensch beispielsweise gehen, wenn er auch nicht tatsächlich geht, er kann schlafen, wenn er auch augenblicklich nicht schläft. Er kann mit der genügenden Vorbildung und den technischen Hilfsmitteln aus Metallstücken ein Flugzeug bauen, wenn er es auch tatsächlich nicht tut.

Die alte Begriffsbildung übte eine erhöhte Überzeugungskraft auf das Denken aus, solange sie anerkannte Basis der herrschenden Physik war. Mit dem Zusammenbruch des experimentellen und naturwissenschaftlichen Teils der aristotelischen Physik ist zwar die aristotelische Metaphysik keineswegs zusammengebrochen, sie hatte jedoch eine wesentliche Stütze ihrer Überzeugungskraft in der öffentlichen Meinung eingebüßt (vgl. zu dem ganzen Fragenkomplex: Pedro Descoqs: Essai Critique sur l'Hylemorphisme. Paris 1924; vgl. ebenso einen älteren Versuch zu unserem Thema: M. Schneid: Die scholastische Lehre von Materie und Form. 2. Aufl. Eichstätt 1877).

4. Wesenheit und Sein, Essentia und Existentia

Form und Materie zusammengenommen bilden das Wesen des Körperdinges. Wesen im ersten und ausgezeichneten Sinne ist die Substanz. Substanz ist jene Wesenheit, der es zukommt, an sich zu sein, in sich zu wurzeln. Das heißt, nicht von sich zu sein, sondern nicht in einem anderen zu sein. Der ersten, obersten

Gattung des Seienden gesellen sich die Akzidenzien zu, deren hauptsächlichste die Quantität, die Qualität und die Relation sind. Ihnen kommt keine Selbständigkeit zu, sie werden von der Substanz getragen.

Wenn die Substanz als Wesenheit bestimmt wird, der es zukommt, an sich zu sein, so leuchtet ein, daß Substanz als diese Wesenheit noch nicht einfachhin ist. Sie scheint andererseits auch nicht nichts zu sein, denn sie wird ja als die reale Wesenheit, der das Sein, Existieren, Vorkommen zukommt, angesehen. In welchem Verhältnis, ist zu fragen, steht dieses Existieren und Vorkommen zur realen Wesenheit. Die Existenz kommt nicht aus ihr selber einfachhin hervor. Es kommt, so scheint es, etwas zu ihr hinzu, damit aus der realen Wesenheit ein existierendes Wesen wird.

Es waren hauptsächlich die arabischen Philosophen Avicenna und Algazel, die von ihrem Schöpfungsglauben her die Frage nach der wirklichen Existenz stellten. Wenn diese Welt nicht von Ewigkeit her notwendig besteht, woher kommt dann, daß sie sei? Was macht dann, daß die einzelnen Substanzen mit ihren Akzidenzien wirklich sind, vorkommen? Die Araber antworteten, die zu den Wesen hinzutretende Existenz gebe den Substanzen ihre volle Wirklichkeit, wobei sie aber den Widerspruch des Averroes erfuhren, der nach Thomas mit Recht darauf hinwies, daß die Existenz kein Akzidens der Wesen und der Akzidenzien sein könne, da ja sonst die Substanz an einem Akzidens, der Existenz hänge, statt daß die Substanz alles trage. Für Averroes löste sich das Existenzproblem dahin, daß die Substanz als an sich Seiendes und notwendig Seiendes die Wirklichkeit von sich her mit sich führt. Thomas konnte diesem Gedankengang des Averroes, dessen Kritik an Avicenna er übernommen hatte, nicht folgen. Das Existieren, das Vorkommen komme zur Wesenheit weder wie ein Akzidens hinzu noch gehöre es notwendig zu ihr, sondern das Existieren und das Wesen bildeten die zwei Seinsprinzipien der Wirklichkeit. So wie die Form die Verwirklichung der Materie sei und mit ihr die Wesenheit bilde, so sei die Existenz die Verwirklichung der Wesenheit und führe sie zur vollständigen Wirklichkeit.

Auf die Frage, woher das Existieren der Wesenheit stamme, verweist Thomas auf den Schöpfergott, den Quell alles Seienden, durch den die Dinge vermittels der Partizipation an ihm ihr 81

Dasein und ihr Wesen haben. Wenn Gott, wie die fünf Wege zeigen, reine, von Potentialität freie Wirklichkeit ist, dann kann er selber nicht aus Materie und Form zusammengesetzt sein, dann muß sein Sein mit seiner Form oder Wesenheit zusammenfallen, und dann müssen in dieser Wesenheit selber wieder Wesenheit und Dasein zu einer höchsten Einheit verbunden sein, so daß sein Wesen sein Dasein ist, und auch sein Dasein sein Wesen (vgl. S. Th. I, q. 3, art. 2; 4). Es wäre verkehrt, aus dieser Identität von vornherein ein Früher des Daseins oder des Wesens zu machen. Die Identität selber wird noch verständlicher, wenn man auf die allgemeine Lehre eingeht, daß alle Wirklichkeit außer Gott aus Dasein und Wesenheit zusammengesetzt ist.

Natürlich kann man an jeder Wirklichkeit den Daseinsaspekt und den Wesensaspekt unterscheiden. Diese Unterscheidung ist fürs erste eine gedankliche, hat zunächst keine Wirklichkeitsbedeutung. Zudem ist in unserer Fragestellung nicht gemeint, daß die Unterscheidung eine Unterscheidung zwischen gedachtem Wesen und wirklichem Ding ist. Gemeint ist, daß an jeder Wirklichkeit der Aspekt von Wesenheit und Wirklichkeit real zu unterscheiden ist, daß der zunächst rein gedanklichen Unterscheidung Wirklichkeitsstrukturen entsprechen. Die Bezeichnung für die Unterscheidung von Wesenheit und Dasein als einer distinctio realis hat nicht selten den Gedanken hervorgerufen, als handele es sich um eine Unterscheidung zwischen Ding und Ding, die man gewissermaßen auseinandernehmen könne. Davon kann natürlich keine Rede sein. In diesem Falle wäre die Wesenheit ohne Dasein und das Dasein ohne Wesenheit: eine primitive und absurde Vorstellung. Wenn von realer Unterscheidung gesprochen wird, dann in dem Sinne, daß die an der Wirklichkeit abzulesende reale Wesenheit eines wirklich Seienden durch die Existenz ihre letzte Verwirklichung erfährt. Die Existenz an einem Seienden ist der letzte actus, die letzte Ergänzung und Vollendung des Wesens, das auf dieses Existieren in Bereitschaft steht.

Eine wirkliche Trennung von wirklicher Wesenheit und der Wirklichkeit dieser Wesenheit im Existieren wäre natürlich der beste Beweis für die wirkliche Unterscheidung von Wesenheit und Existenz. Dieser Beweis ist natürlich nicht zu führen, und deshalb ist der einzige Nachweis für die wirkliche Zusammensetzung aus einer Begriffsanalyse oder der Beobachtung der Kontingenz dieser Welt zu schlußfolgern.

Der doppelten Veränderung der materiellen Dinge: nämlich dem Übergang eines Dinges in ein anderes, des Nahrungsmittels in die lebendige Substanz des Lebewesens, das es aufnimmt, dem Übergang vom Leben in Verwesung, wie beim fallenden Blatt im Herbst, entspricht die Zusammensetzung aus Materie und Form, und dem Übergang von der Existenz in die Nichtexistenz entspricht die Zusammensetzung dieser aus Materie und Form bereits zusammengesetzten körperlichen Wesenheit mit der Existenz. Die Existenz ist so gedacht, daß das Existieren der Wesenheit gegenüber ähnlich aussieht wie die Form der Materie, wie der Akt der Potenz gegenüber. Das Existieren ist die Aktuierung des Wesens und die Form die Aktuierung der Materie.

Das Verhältnis von Existenz und Wesen wird nach dem Typus des Verhältnisses von Materie und Form gedacht, und dieses wird aus den Veränderungen der Sinnendinge erschlossen. Auch hier bleibt das Wesen der materiellen Dinge der Prototyp, das Modell für den Gedanken der Zusammensetzung aus Existenz und Wesen.

Trotz aller Priorität der Form vor der Materie, der Existenz vor dem Wesen muß die Selbständigkeit der beiden Prinzipien gewahrt bleiben. Wäre das nicht der Fall, wäre die Materie eine bloß defiziente Form, das Wesen eine bloß defiziente Existenz, dann könnte die Zusammensetzung beider nicht jene Erklärungsfunktion haben, die sie tatsächlich hat. Das ist auch der Grund dafür, daß die Identität von Wesen und Existenz in Gott nicht so gedacht werden darf, daß das Wesen auf die reine Existenz oder die Existenz auf das Wesen reduziert würde.

Thomas hat sich gegen diese naheliegende Versuchung energisch gewehrt. Im ersten Buch des Sentenzenkommentars holt er in der zweiten Distinctio, Q. 1, Art. 3 zu einer prinzipiellen Erörterung aus, die, wie er sagt, für das Verständnis des ganzen ersten Buches des Kommentars grundlegend ist (ex hoc pendet fere totus intellectus eorum quae in primo libro dicuntur). Einer der Punkte, die hier besprochen werden, bezieht sich auf die Frage, ob die göttlichen Attribute in Gott wirklich sind oder ob Gott bloß die Ursache von Weisheit, Gerechtigkeit, Güte ist, ohne selber weise und gerecht zu sein. Letztere Meinung wurde von zwei mittelalterlichen Autoritäten vertreten, von arabischer 83

Seite durch Avicenna, von jüdischer durch Maimonides. Gott sei das subsistierende Sein und sonst nichts. Nach diesen Denkern ist Gott das Sein ohne die Wesenheit (est esse sine essentia). Aussagen über Gott haben nach diesen Denkern primär das Motiv, von ihm Negatives auszuschließen. Das Attribut der Weisheit wolle von Gott den Mangel an Weisheit ausschließen, und die Aussage der Einheit negiere die Geschiedenheit in sich. Die Aussagen betreffend die Weisheit und Einheit bezweckten keine Setzungen in Gott, sondern Ausschluß von Unvollkommenheiten an Gott. Aussagen auf Grund der Kausalität besagten, Gott sei gut, weil er die Kreatur gut geschaffen habe, und er verhalte sich auch wie die Kreatur, fromm oder zornig, ohne daß es diese Verhaltensweisen wirklich an ihm gebe. Daraus folgt, daß diese Begriffe, auf Gott und die Kreatur angewendet, weder eindeutig noch analog sind, sondern einfachhin mehrdeutig. Der Verstand spreche auf dem Wege der Negation und der Kausalität Gott Attribute zu, die so bloß im Verstand, nicht in der Wirklichkeit seien (tantum in intellectu et non in re).

Dieser Tradition steht jene gegenüber, die von so hervorragenden Vertretern wie Dionysius Areopagita, Johannes Damascenus und Anselm repräsentiert wird, die Sein und Wesenheit in Identität in der Gottheit behauptet und die die Attribute einerseits in Gott wirklich sein läßt, das heißt so, daß es in Gott alle Vollkommenheiten gibt, daß diese Vollkommenheiten ohne irgendeinen Abstrich gedacht werden und auch nicht verteilt oder zersplittert, sondern in höchster Einheit von Gott ausgesagt werden.

Aus diesen theologischen Erörterungen wird der theologische Hintergrund der Lehre von der Unterscheidung von essentia und esse deutlich. Dem Sein gehört normalerweise der Vorrang vor der Wesenheit; durch das Sein, das dem Wesen nicht von sich her zukommt, werden die Wesen zu vollen Wirklichkeiten. Bei Gott bilden die beiden Pole eine Identität, von der man sagen kann und muß, daß sein Sein sein Wesen, daß sein Wesen sein Sein ist.

Daß die Wesen eine Spur von Wirklichkeit an sich haben, daß sie real sind, ist ein platonisches Element, das von Dionysius über die Araber zu Thomas gelangt ist. Cajetan, der Aristoteles und die Tradition bestens kannte und in ihren Motiven durchschaute, hat das Platonische an der Unterscheidung deutlich gesehen. Bei der Erörterung einer der Gründe für die reale Unterscheidung von Wesen und Sein, daß nämlich die Wesensprädikate dem Wesen ohne das Mitwirken einer Wirkursache zukommen, die Existenz jedoch nur vermittels dieses Mitwirkens zu verdanken sei, was auf den wirklichen Unterschied von Wesen und Sein hinweise, fügt er hinzu, diese Ansicht (opinio) scheine auf die Alten zurückzugehen (... ab antiquis derivata, Platone scilicet, Alpharabio, Avicenna, Algazele, Boetio, Hilario, Alberto, et eorum sequacibus: licet ab Aristotele nihil manifesti in hac re habeamus [Kommentar zu De ente et essentia, Kap. 5, Q. 11; ed. de Maria, S. 494]).

Der Platonismus bei Thomas geht freilich nicht so weit, daß er das Realsein nicht nur der Wesen, sondern auch der Wesensbestandteile in ihrer Isolierung behaupten würde. Das Eine und das Seiende sind allgemeinste Prädikate, spätere das Leben und die Erkenntnis. Nach platonischer Auffassung ist das subsistierende Eine oder Seiende das Allererste, die Gottheit, danach kommen für sich und isoliert genommen das Leben als Idee, das Erkennen als Idee. Der Mensch zum Beispiel habe sein eigenes Sein und Wesen durch Partizipation am Seienden, am Leben und Erkennen. Thomas bemerkt zu dieser Auffassung im Gefolge des Aristoteles, bei dieser Art von Partizipation an den subsistierenden Ideen könne nicht verstanden werden, wie aus den vielerlei Ideen ein einheitliches Wesen entstehe.[16]

Ein Wesensbestandteil und eine Eigenart des Thomismus, die an dem Ersterkannten des Verstandes, der Wesenheit der materiellen Dinge beinahe handgreiflich faßbar scheint, ist die Lehre von der Unterscheidung von Sein und Wesenheit auf den verschiedenen Stufen der Wirklichkeit. Den Thomismus von diesem Aspekt her, von dem des Seins oder der Existenz des Seienden, zu sehen, ist das Verdienst von zwei bedeutenden Denkern, Maritain und Gilson, die unablässig auf diesen Aspekt des Thomismus hingewiesen haben. Der Seinsbestandteil am Seienden ist allerdings schwer begrifflich zu fassen, und deshalb ist es verständlich, daß diese Seite so oft nicht interpretiert wurde, ja, unbemerkt blieb. Der menschliche Geist ist nämlich auf das Seiende gerichtet. Das Seiende ist das, was Sein hat. Das »das,

---

[16] De substantiis separatis, Kap. 11. Ed. J. Perrier. Paris 1949, S. 162–164.

was« ist am Seienden begrifflich faßbar. Das Ist ist es nur, wenn es durch das »das, was« mitfaßbar wird. Vom Sein können wir uns keinen adäquaten Begriff bilden, ohne von vornherein ein »was« mitzudenken, an dem das Sein faßbar wird. Eine Identität von Sein und Wesen ist uns nur umwegweise denkbar über das Was, das dann als existierend gedacht wird, während das Existieren, das Sein genauso früh wie das, was ist, nach manchen Denkern sogar früher, ist.

Die Schwierigkeit, die Probleme hier klar zu denken, hängt an der Schwierigkeit für das menschliche Denken, das Sein des Seienden selber in sich zu fassen, und diese Schwierigkeit rührt daher, daß der menschliche Geist auf das Wesen gerichtet ist und daß das Ersterkannte das Seiende in Gestalt des Wesens materieller Dinge ist.

Die Schwierigkeit, das Sein adäquat zu denken, kommt am paradoxesten in der mißverstandenen Lehre der Realunterscheidung vom Sein und Wesen zum Vorschein, in der im Zuge der Verdinglichung das Sein selbst, das Existieren selbst als Ding gedacht wird, als ein Was, das mit einem anderen Was zusammen eine Wirklichkeit herstellt.

5. Schöpfung und Teilhabe – creatio und participatio

Die Sinneswelt ist eine Welt der Bewegung und der Veränderungen, die darauf hinweisen, daß sie keine in sich gegründete Welt ist. Sie verlangt nach einer Begründung in einer Wirklichkeit, die in sich gegründet ist. Diese Gründung erfolgt durch die Teilnahme der geschaffenen Welt an der ungeschaffenen, in sich gegründeten, auf die die Stufenordnung der Dinge in dieser Welt verweist.

Wie die platonische Dialektik von der sinnlichen Welt zu den Ideen, von den Ideen zum Einen oder Guten aufsteigt, ohne umgekehrt den Weg vom Einen zur Sinnlichkeit mit einer ähnlichen Notwendigkeit vollziehen zu können, so gibt es auch nach Thomas die Notwendigkeit, von dieser Welt auf Gott zu schließen, doch keine Möglichkeit, von der Idee Gottes her diese Welt abzuleiten. Das Wie der Teilnahme bleibt uns verborgen.

Sagt Teilhabe nichts über die Weise des Ausgangs des Teilhabenden aus dem Prinzip, so bejaht sie jedoch die vom Urbild abfallende Ähnlichkeit (S. Th. I, 3, 4). Gott als die absolute Vollkommenheit ist nachahmbar (S. Th. I, 15, 2), repräsentierbar (S. Th. I, 47, 1), partizipierbar (S. Th. I, 5, 2; 14, 6) und mitteilbar (S. Th. I, cg. 50). Gott teilt das Sein mit, das Geschöpf nimmt daran teil. Es geht aus Gottes Hand hervor (processio, derivatio, eductio, emanatio), und im Gefolge dieses Vorgangs repräsentiert es Gott, ahmt ihn nach, ist ihm ähnlich.

Die Ähnlichkeitsteilhabe, die Gott mit der Welt der Veränderungen und der Bewegung verbindet, ist nicht der einzige Typ der Teilhabe. Bei Thomas gibt es eine Art der Teilhabe, die neben der Ähnlichkeitsteilhabe von besonderer Bedeutung ist: die Teilhabe durch Zusammensetzung von Stoff und Form. Durch die Zusammensetzung der Form des Menschseins mit der zu ihr gehörenden Materie nimmt der einzelne Mensch an der Form des Menschseins teil, nimmt die Materie an der Form teil. Durch diese Teilhabe wird auch hier die Form nicht geteilt oder verteilt, sondern jeder nimmt an ihr wie an der eigenen Form eindeutig teil. Durch diese Eindeutigkeit unterscheidet sich die Teilhabe der Materie an der Form von der Ähnlichkeitsteilhabe der Kreatur an Gott.

Teilhabe an der göttlichen Vollkommenheit ist nicht nur Empfang des Seins und seine Sicherung in einer absoluten Existenz, sie ist auch Sicherung der Richtigkeit, der Wahrheit und des Wertes. Gott ist nicht nur Verleiher des Seins, sondern auch Erleuchter, Garant der Richtigkeit und absolutes, transzendentes Maß. Die Teilnahme am göttlichen Licht ist Sicherung der Erkenntnis, die Teilnahme am göttlichen Gesetz Garantie der Richtigkeit der Vernunft und des Handelns. Eine Einsicht, die sich auf das göttliche Licht berufen kann, eine politische oder auch individuelle Ordnung, die sich als Teilnahme am göttlichen Gesetz ausweisen können, sind eo ipso in ihrer Gültigkeit gesichertere Einsichten und Ordnungen.

Außer der Partizipation der Materie an der Form, der mannigfaltigen Formen an der göttlichen Urform kennt der Thomismus zwei weitere Typen der Teilhabe, die in seinem Denken eine große, zum Teil verwirrende Rolle spielen. Der eine Typ, der problemloser ist, ist die Teilnahme (in der Reihe der vom Allgemeinen zum Speziellen fortschreitenden Bestimmungen an dem Begriff) der speziellen Begriffe an den Wesenselementen der allgemeinen.

Der sogenannte Baum des Porphyrios ist hierfür das große Beispiel. In der Reihe der immer neuen Determinationen, die mit dem Begriff der Substanz beginnen und von der Substanz zur körperlichen (oder nichtkörperlichen), von der lebenden (oder nichtlebenden) zu der körperlichen, lebenden, sinnenbegabten (oder nicht sinnenbegabten), von dieser wieder zur vernünftigen (oder nicht vernünftigen) bis zu Peter und Paul, nehmen die spezielleren Begriffe an den Wesensgehalten der ihnen übergeordneten teil. Wie Cajetan in seinem Kommentar zur Isagoge des Porphyrios im ersten Kapitel schreibt: »Die Art nimmt an der Gewalt der Gattung teil« (species generis potestatem participat; 1. Kap., 3. Teil; ed. Isnardus M. Marega. Rom 1934, S. 27). Die Gattung wird eingeengt, und es wird ein Teil ihrer Reichweite durch den Artunterschied zur Art gemacht. So wird auch die Art vermittels ihrer selbst von den Individuen ausgesagt, »weil sie durch sich selbst von den Individuen partizipiert wird, die Gattung jedoch gewissermaßen von den Individuen vermittels der Spezies, und daher wird sie über die Spezies, nicht unmittelbar durch sich, von den Individuen ausgesagt« (species per seipsam praedicatur de individuis, quoniam per seipsam participatur ab eis, genus vero sicut mediante specie participatur ab individuis, ita per speciem et non per seipsum praedicatur de eis; 1. Kap., 3. Teil; ibid., S. 43).

Mit diesem Typus der Partizipation hängt ein anderer zusammen, der bei Thomas eine große Rolle spielt und der auch im thomistischen Denken zu manchen Mißverständnissen und Auseinandersetzungen Anlaß gegeben hat.

Er hat seinen deutlichsten Ausdruck im Kommentar zum Liber de causis gefunden und vertritt eine Idee der Partizipation, die der ähnlich ist, die zwischen den allgemeinen und speziellen Begriffen stattfindet.

In der zweiten Lectio (Nr. 55, ed. Pera) bemerkt Thomas, daß es in der Ewigkeit ein erworbenes Sein gebe, und das heißt ein partizipiertes Sein. »Und das beweist der Autor daher, daß die weniger gemeinsamen Dinge an denjenigen teilnehmen, die gemeinsamer sind. Die Ewigkeit ist jedoch weniger gemeinsam als das Sein (esse). Daher fügt er hinzu: und ich sage, daß jede Ewigkeit ein Sein ist, aber nicht jedes Sein eine Ewigkeit. Folglich ist das Sein gemeinsamer als die Ewigkeit. So also beweist der Autor, daß die Ewigkeit das Sein partizipiert; das abgezogene Sein selbst aber ist die erste Ursache, deren Wesen ihr Sein ist.«[17]

Diese Überlegungen von Thomas kehren in vielerlei Erwägungen späterer Thomisten wieder und wurden bisweilen zum Beweis für die reale Zusammensetzung von Sein und Wesenheit gebraucht. Sollte dieser Verwendung die Meinung zugrunde liegen, das allgemeinste Sein, das gemeinsamste Sein werde durch die Potentialität der Wesenheiten in die Endlichkeit eingeschränkt, wäre sie schief und theologisch gefährlich, da es sich ja in dem genannten gemeinsamen Sein um das göttliche Sein handelt, das durch endliche Wesenheiten nicht eingeschränkt und auch so nicht aufgenommen werden kann. Wäre der Vorgang denkbar, würde er einen primitiven Pantheismus begründen. Die Teilnahme des Seins ist als eine solche per analogiam zu denken, das heißt so, daß das Sein, das partizipiert wird, bereits durch sich selbst ein analog gegliedertes Sein ist.

Teilhabe ist ein Faktum, dem die Möglichkeit, daß an etwas partizipiert wird, und die Realisierung dieser Möglichkeit vorausgehen. Wie kommt es dazu, daß es eine Welt von aus Dasein und Wesenheit zusammengesetzten Wirklichkeiten gibt, die an dem in sich gegründeten Wirklichen teilhaben? Durch die Schöpfung. Die Schöpfung ist nach Thomas nicht nur ein theologischer, sondern genauso ein philosophischer Begriff, wie er im Kommentar zum zweiten Sentenzenbuch (Dist. 1, Q. 1, Art. 2) auf die Frage, ob überhaupt etwas von Gott durch Schöpfung ausgehen könne, mit einer gewissen Feierlichkeit und mit Nachdruck zur Einführung in das corpus articuli erklärt: »Respondeo quod creationem esse non tantum fides tenet, sed etiam ratio demonstrat«, daß nicht nur der Glaube an dem Faktum der Schöpfung festhalte, sondern daß die Vernunft dieses Faktum auch beweise. Alles, was in irgendeiner Gattung unvollkommen sei, entspringe aus dem, in dem die Natur der

---

17 Et ad hoc probandum inducit quod in ipsa, id est aeternitate, est esse acquisitum (23) id est participatum. Et hoc probat quia ea quae sunt minus communia participant ea quae sunt magis communia. Aeternitas autem est minus commune quam esse; unde subdit: et dico quod omnis aeternitas est esse, sed non omne esse est aeternitas (24; cf. LXXXVII). Ergo esse est plus commune quam aeternitas. Si igitur probat auctor quod aeternitas participat esse; ipsum autem esse abstractum est Causa prima, cuius substantia est suum esse.

Gattung zuerst und vollkommen realisiert werde. Die warmen Dinge seien durch das Feuer warm. Die Dinge nehmen nun in irgendeiner Weise am Sein teil. Sie müssen ihren Ursprung also vom ersten und vollkommensten Sein herleiten. Eben dieser Ursprung aber ist Schöpfung. Schöpfung heißt, ein Ding seiner ganzen Substanz nach ins Sein hinaufführen. Eine solche Heraufführung sei durch geschöpfliche Kräfte unmöglich. Deshalb müsse alles Sein und alles Seiende vom ersten Prinzip durch die Schöpfung hervorgehen. Schöpfung setzt zum ersten gar nichts voraus, und zum zweiten bleibt das vorausgesetzte Nichts immer das frühere, nicht der Zeit, sondern dem Wesen nach. Dem Geschaffenen eignet von Natur eher das Nichtsein als das Sein. Wenn man den Begriff der Schöpfung auf diese beiden Elemente beschränkt, auf die absolute Voraussetzungslosigkeit und die Wesenspriorität des Nichts vor dem Sein, dann muß man Schöpfung nicht nur zu den Glaubenswahrheiten, sondern nach Thomas auch zu den Vernunfteinsichten rechnen. Wollte man allerdings mit dem Begriff der Schöpfung das Element der Zeit in dem Sinne verbinden, daß die geschaffene Wirklichkeit einstens nicht war und einmal begonnen hat, dann müßte man sich bewußt sein, daß es sich hierbei um eine Hinzufügung zum ursprünglichen Schöpfungsbegriff handelt, die nicht mehr auf einer Vernunfteinsicht gründet, sondern auf Offenbarung, daß es sich dann also um eine Glaubenssache handelt, die von Philosophen denn auch nicht selten abgelehnt wird.

Schöpfung ist kein Tun, das Veränderung wäre, sondern Seinsverleihung und Seinsempfang (creatio non est factio quae sit mutatio proprie loquendo, sed est quaedam acceptio esse (2 Sent. 1, 1, 2 ad 2). Dieser Empfang erfolgt nicht automatisch. Man könnte meinen, das Sein ströme einfachhin aus dem notwendig Seienden aus, und zwar von Mal zu Mal im Verlauf dieses Ausströmens in immer schwächeren Seinsformen bis zur Materie hin. Die Blindheit des so vorgestellten Vorgangs hat Thomas gestört. Blinde Vorgänge, Zufall und Glücksfälle leugnet er nicht. Sie sind ihm jedoch nicht primär. Vernunft und Zweckmäßigkeit gehen ihnen voraus. Zweckmäßigkeit kommt von einer Vernunft, die mit dem handelnden Subjekt verbunden oder möglicherweise auch von ihm getrennt ist. Die sinnvollen Naturvorgänge sind nur von einer Vernunft her zu begreifen, die nicht an den Naturdingen vorhanden ist. Gottes Anordnungen, die aus seiner Weisheit stammen, gehen den Naturnotwendigkeiten voraus. Die Vernunft, die in der Natur waltet, ist die göttliche Vernunft, die göttliche Weisheit (vgl. Sent. 1, 43, q. 2, art. 1). Sinnenfälliger Ausdruck dieser Weisheit ist der Kosmos der Sterne in seiner großartigen Gesetzmäßigkeit.

Weisheit ist Erkenntnis aus den letzten Gründen und den größten Zusammenhängen. Die Weisheit disponiert über das Gegebene und lenkt es seinen Zwecken zu. Der Vorsehende hat das im Auge, was ein Ziel fördern oder verhindern kann (Sent. 1, dist. 39, q. 12, art. 1). Vorsehung kann eine rein erkenntnismäßige sein. Paart sich die vorsehende Erkenntnis mit einem Willen, so nähert sie sich der Ausführung, und kommt zur Erkenntnis und zum Wollen noch die Macht hinzu, dann wird aus der Vorsehung Regierung (Sent. 1, dist. 39, q. 2, art. 1).

Ziel der Schöpfung ist die Mitteilung göttlicher Wertfülle und die Repräsentation dieser Wertfülle durch die Schöpfung. Für diese Repräsentation genügt eine Kreatur nicht. In Gott ist die Wertfülle einfachhin und uneingeschränkt, in der Kreatur nur geteilt und in eingeschränktem Maße. Deshalb bedarf es zur Darstellung der göttlichen Wertfülle einer Vielzahl von Kreaturen.

Eine Vielheit entsteht einerseits durch die Verwirklichung der gleichen Form in je verschiedener Materie. Die Menschen sind verschieden, weil die Form des Menschseins sich je verschieden durch die Materie individualisiert. Die Materie ist ein wichtiger Grund der Pluralität, doch sie ist nicht ihr einziger, noch der vornehmste Grund. Die Mannigfaltigkeit wird nicht in erster Linie durch die Materie, sondern durch die Mannigfaltigkeit der Formen bewirkt und durch das zu ihnen gehörende mannigfaltige Sein. Thomas weist auf diese Formenmannigfaltigkeit in der Natur hin, angefangen von den Elementen über die anorganische Natur zu den Pflanzen, Tieren und zum Menschen hin (S. Th. I, 47, 1 u. 2).

Die Frage ist, ob Gott eine andere Weltmannigfaltigkeit als die gegenwärtige hätte schaffen können und ob eine andere Welt hätte besser sein können als die gegenwärtige. Die Antwort darauf lautet bei Thomas: Das äußere Ziel dieser Welt, nämlich Gott selber, hätte gewiß nicht besser sein können. Die Fülle der Kreaturen allerdings hätte noch größer sein können, ihre Ordnung unter sich und ihre Hinbeziehung zu Gott vielleicht noch intensiver. Eine Vermehrung der Mannigfaltigkeit der Kreaturen, eine Verbesserung ihrer Ordnung unter sich und zu Gott hin ist durchaus denkbar (Sent. 1, dist. 44, q. 1, art. 2).

Auf Grund dieser wenigstens theoretischen Möglichkeiten erhebt sich die Frage, die Leibniz so sehr beunruhigt hat, ob die gegenwärtige Welt die beste aller möglichen sei, was sie ja beinahe sein müßte, wenn sie von einem allerweisesten und gütigsten Schöpfer stamme. Gott scheine durch seine Weisheit und Güte veranlaßt, wenn er überhaupt eine Welt schaffen wollte, die beste aller möglichen Welten zu schaffen. Thomas hat zu dieser Frage in einem anderen Sinne als dem Leibnizschen Stellung genommen. In De Potentia (q. 1, art. 5 c, c. a.) führt er aus, daß Gottes Wille auf das Beste und das heißt notwendigerweise auf die eigene Güte gerichtet sei. Diesem höchsten Zweck, der Mitteilung und der Kundgabe göttlicher Güte, blieben alle Kreaturen unangemessen. Die geschaffenen Wesen in der geschaffenen Wirklichkeitsordnung vermöchten Gottes Güte und Wertfülle zu offenbaren, andere Kreaturen in einer anderen Ordnung würden das auch können. Daraus wird man schließen müssen, daß die Schöpfung Schöpfung einer besten Welt ist, daß aber jede andere aus Gottes Weisheit hervorgegangene Welt eine ähnliche Hinbeziehung auf Gott haben würde und ebenfalls eine beste Welt sein würde (ibid., ad 15).

Gottes Wille, seine Güte mitzuteilen und zu bekunden, setzt voraus, daß diese Güte mitteilbar ist, daß Gottes Sein partizipierbar ist, und zwar auf vielfältige Weise in einer Stufenleiter von Formen. In den göttlichen Ideen erkennt Gott, daß sein Wesen auf vielfältige Weise partizipierbar und imitierbar ist, und die Vielfalt dieser Partizipierbarkeit und Imitierbarkeit selber ist die Mannigfaltigkeit der göttlichen Ideen (S. Th. I, 15).

Die göttliche Vernunft, sofern sie das Geschaffene auf ein Ziel hinordnet, ist Vorsehung. Sie ist der vernünftige Grund der Ordnung, die in der göttlichen Weltregierung zur Ausführung kommt (S. Th. I, 22, 1). Der Vernunftgrund der göttlichen Weltregierung findet seinen Ausdruck in der lex aeterna (S. Th. II$_1$, 91, 1). Während es viele göttliche Ideen gibt, sofern Gott auf vielfältige Weise partizipierbar ist, gibt es nur ein ewiges Gesetz, weil das Gesetz, das alle Dinge in eine zusammenhängende Ordnung bringt und auf das bonum commune hinordnet, nur eines ist (S. Th. II$_1$, 93, 1). Wie Schöpfung und Weltregierung näherhin zu denken sind, was zu ihrem einfachen Wesen gehört, das wir nur in verschiedenen Vorgängen zu denken vermögen, versucht Thomas durch Analogien zu klären.

In der handwerklichen Herstellung (vgl. Sent. I, dist. 34, q. 1, art. 1) zeigt das Wissen dem Handwerker das Ziel, das dann von einem Wollen bezweckt wird. Das Wollen befiehlt zwecks Herstellung die Handlung. Die Ursächlichkeit liegt in erster Linie beim Wollen, das die Akte befiehlt. Das Wissen, um das es sich bei der Schöpfung handelt, ist ein mit Wollen gepaartes Wissen, ein Wissen des Wohlgefallens, scientia beneplaciti.

Um die Rolle der Zweckvorstellung und der Vorsehung bei der Schöpfung zu verdeutlichen, greift Thomas des öftern auf den Vergleich mit dem Tun des Handwerkers zurück (so z. B. Sent. I, dist. 39, q. 2, art. 1).

Beim Entwurf seines Werkes stellt der Handwerker sich zuerst sein Ziel vor, dann die Hinordnung des Gegenstandes, den er herstellen will zu dem Ziel, so wie die Ordnung der einzelnen Teile des Gegenstandes unter sich: beim Haus beispielsweise das Fundament, das Mauerwerk, das Dach. Der Handwerker hat weiterhin drittens alles zu bedenken, was seine Arbeit fördern kann, und muß Sorge darum tragen, daß alle Hindernisse beseitigt werden. Der bis jetzt aufgezeigte Teil der Tätigkeit des Handwerkers ist ein rein gedanklicher, hat noch nichts von äußerem Tun an sich. Er bezieht sich auf das Ziel und die Mittel zum Ziel. Insofern eine Ordnung für die Ausführung gedacht wird, kann man von Anordnung, Disposition (dispositio) sprechen. Anordnung besagt eine gewisse Ordnung. Es ist die Anordnung bei der Herstellung und bei dem Entstehen eines Werkes. In bezug auf das, was das Ziel fördert, spricht man beim Handwerker von Vorsehung. Der Vorsehende ist der, der richtig in bezug auf alles das urteilt, was zur Erreichung des Zieles förderlich ist und ihm auch schädlich sein könnte.

Gottes Anordnung bezieht sich auf zwei Ziele, die Ordnung der Dinge untereinander und die Hinordnung des ganzen Universums zu Ihm, Gott selber. Wie nach Aristoteles das Heer in sich geordnet ist und auf den Heerführer, so das Universum in sich und auf Gott hin. Die Vorsehung sorgt für die Erhaltung dieser Ordnung und die Abwendung der Unordnung.

Weitere Analogien zur Schöpfung und Weltregierung weisen auf Elemente hin, die bei der Beachtung des alleinigen Ins-Sein-

Rufens entweder völlig außer acht bleiben oder doch zu kurz kommen: nämlich einmal die Rationalität der Ordnung des Geschaffene und seine Hinordnung auf das Gut des Schöpfers, auf Gott selber.

Dem Kosmos gegenüber ist der Mensch ein Mikrokosmos, der allgemeinen Herrschaft *(regimen universale)* über das Universum entspricht eine partikuläre Herrschaft *(regimen particulare)* des Menschen über sich selber. Die ganze Schöpfung steht unter der Herrschaft Gottes, der Mensch, sein Leib und seine seelischen Kräfte unter der Herrschaft der Vernunft. Beide Herrschaftsformen stehen in Analogie zueinander, und nicht nur sie, sondern auch die Herrschaftsträger und die Herrschaftsadressaten: »Gewissermaßen verhält sich im Menschen die Vernunft wie Gott im Universum« (quodammodo se habet in homine ratio sicut Deus in mundo; De regno I, Kap. 13, Nr. 40, in: Opuscula S. Thomae. Ed. Joannes Perrier. Paris 1942, S. 254). Zu diesen Analogien gesellt sich eine weitere. Der Mensch ist nicht nur vernünftig, sondern auch gesellig *(animal naturaliter sociale)*. Deshalb ist zu vermuten, daß sich das Verhältnis, das sich bei Gott zum Kosmos und bei der Vernunft zum Menschen gefunden hat, in der Gesellschaft wiederholt, und zwar so, daß »durch die Vernunft eines Menschen die Menge geführt wird« (ibid., I, 13, Nr. 40; a. a. O., S. 255). Bei manchen Tierarten, den Bienen beispielsweise, gebe es etwas Ähnliches, mit dem Unterschied allerdings, daß hier die Herrschaft nicht durch Vernunft, sondern durch Instinkt erfolge. Der König müsse wissen, mahnt Thomas, daß er ein Amt auf sich genommen hat, das verlangt, daß er im Reich ist wie die Seele im Leib und Gott in der Welt (Hoc igitur officium rex se suscepisse cognoscat, ut sit in regno sicut in corpore anima et sicut Deus in mundo; ibid., I, 13, Nr. 40; a. a. O., S. 255). Dem Sein entspricht das Tätigsein. Die Größe politischen Handelns zeige sich daran, daß der König in seinem Reich nach Art Gottes handle: »Ein Mensch tut das im Reiche, was Gott in der Welt« (homo agit in regno quod Deus in mundo; ibid., I, 10, Nr. 30; a. a. O., S. 246). Der Analogie, die zwischen Einzelmensch, Gesellschaft und Universum hergestellt wird, wäre es durchaus entsprechend gewesen, wenn zu dieser Würde göttlichen und politischen Tuns die Würde des vernünftigen Handelns des Einzelmenschen im Erkennen und sittlichen Wollen hinzugesellt worden wäre. Die Analogie von politischem

Handeln und dem Handeln Gottes wird von Thomas in De regno in großen Linien fortgeführt. Gott schafft eine Welt und regiert sie, der politische Führer findet oft schon eine politische Ordnung vor, und dann beschränkt sich sein Tun auf die Regierung. Ausgezeichnete politische Gestalter sind jedoch oft auch Staatengründer oder Gründer neuer politischer Ordnungen.

Der Seele fallen beide Aufgaben zu, die Gott im Universum zufällt und dem König in seinem Reich. »Denn erstlich wird durch die Kraft der Seele der Leib geformt, und anschließend wird der Leib von der Seele beherrscht und bewegt« (ibid., I, 14, Nr. 41; a. a. O., S. 255).

Am Universum hat das politische Leben sein großes Vorbild. Der Schöpfung entspricht die Staatsgründung, der Weltordnung die Ordnung im Staat. Was die Staatsgründung anlangt, die Sorge um den Raum für die Bevölkerung, um dessen innere Gestaltung, um die Versorgung mit Lebensmitteln, um die staatlichen Einrichtungen, ist zu bedenken, daß im Gegensatz zu Gott und in Analogie zu den Künsten der König beim Aufbau eines Staates auf die vorgegebenen Stoffe angewiesen ist (necesse habet his uti quae in natura praeexistunt; ibid., I, 14, Nr. 42; a. a. O., S. 256).

Wie die Staatsgründung, so ist die Staatsregierung nach Analogie der göttlichen Regierung zu sehen. Regieren heißt, etwas dem gewollten Ziele zuführen. Der Seemann lenkt das Schiff zum Hafen. Der Hafen ist das äußere Ziel, auf das der Seemann hinsteuert. Die inneren Ziele, wie die der Erhaltung und Verbesserung des Schiffes, sollen wegen des äußeren Zieles nicht vernachlässigt werden. Beim menschlichen Individuum gibt es, ähnlich wie beim Schiff, die äußeren und inneren Ziele: der Arzt müht sich um Erhaltung des Lebens, der Hausverwalter um die Versorgung des Hauses, der Lehrer um die Entdeckung der Wahrheit, der Erzieher um ein Leben der Vernunft gemäß.

Der Mensch steht jedoch nicht nur unter den Forderungen der inneren Ziele, sondern auch des äußeren Ziels, das Gott ist und das sich in seiner Reinheit erst durch Christus geoffenbart hat. Die Kirche ist Wächterin über die Offenbarung, und ihre Aufgabe ist, zum Hafen des ewigen Heils zu führen.

Zur Bemühung um eine adäquate innere menschliche Ordnung kommt der Bezug zu Gott, zum finis extrinsecus, hinzu. Dieser

Bezug steht den inneren Bezügen gegenüber höher und ist in seiner Reinheit erst durch Christus sichtbar geworden. Nach De regno waren die vorchristlichen Religionen so wie ihr Priestertum auf zahlreiche Güter hingeordnet, die Teile des Gemeingutes sind, und da das Gemeingut Gegenstand der politischen Führung ist, waren deshalb die antiken Religionen oder das antike Priestertum den politischen Führern untergeordnet: »Quia igitur sacerdotium gentium et totus divinorum cultus erat propter temporalia bona conquirenda, quae omnia ordinantur ad multitudinis bonum commune cuius regi cura incumbit, conveniter sacerdotes gentilium regibus subdebantur« (ibid., I, 15, Nr. 47; a. a. O., S. 260).

Gott übersteigt diese Welt unendlich und infolgedessen der Gottesdienst den Dienst am bonum commune. Es gehört nämlich zur richtigen Ordnung nach Thomas, daß der, der sich mit dem höheren Ziel befaßt, jenen befiehlt, die sich mit den Mitteln zu diesem Ziel befassen (ibid., I, 15, Nr. 45; a. a. O., S. 259).

Das ewige Heil in der Anschauung Gottes übersteigt die menschlichen Ziele. Es gibt eine eigene Einrichtung, die sich mit diesem Anliegen befaßt. Infolgedessen sind die christlichen Könige den Vertretern dieser Einrichtung von Natur aus unterworfen (ibid., I, 15, Nr. 46; a. a. O., S. 260).

Die Könige haben sich nicht mit dem ewigen Heil zu befassen, sondern mit dem Leben hier auf Erden, das zur ewigen Glückseligkeit vorbereitet. Zu einem guten Leben eines Menschen hier auf Erden gehören vorzüglich zwei Dinge: ein Hauptsächliches, die Tätigkeit der Tugend gemäß, und ein Zweites und Zweitrangiges, nämlich die Versorgung mit materiellen Gütern.

Damit kann der Hinweis auf die Analogien zwischen Vernunft, politischer Herrschaft, Weltschöpfung und Weltregierung abgebrochen werden. Sie förderten den Ausbau der Hierokratie im Mittelalter. Es gibt allerdings, das muß hinzugefügt werden, Elemente im politischen Denken des Thomas, die aus der Beschäftigung mit Aristoteles, dem Alten Testament und den demokratischen Einrichtungen seiner Zeit stammen und weniger hierarchisch sind.

Bei allen Analogien, die von Thomas aufgeführt werden, ist die Unvergleichlichkeit der Schöpfung zu sehen. Es gibt keinen

realen Bezug von Gott zur Schöpfung, keine Abhängigkeit

Gottes von der Schöpfung. Wenn man die Schöpfung aktiv denkt, ist sie Gottes Tätigkeit, die sich mit Gottes Wesen identifiziert, sie hat einen Bezug zur Kreatur, der jedoch kein realer, sondern ein bloß gedachter ist. Passiv gesehen, ist sie weder Werden noch Entstehen, sondern Anfang des Seins, »inceptio essendi«, und Bezug zu Gott, Abhängigkeit von Gott (zu diesen schwierigen Fragen vgl. die Quaestio disputata De potentia, q. 3, art. 1–3).

Die Scholastiker sind sich darüber einig, daß alles Seiende außer Gott von Gott geschaffen ist.

Die weitere Frage, in bezug auf die es Unterschiede gibt, ist, welches das Formalobjekt der Schöpfung ist. Der Begriff des Formalobjekts sei an einem Beispiel erläutert (S. Th. I, 45, 4 ad 1): Das Auge sieht farbige Dinge, das Formalobjekt des Auges ist jedoch die Farbe und die ratio formalis sub qua der formale Gesichtspunkt, unter dem dieses Formalobjekt gesehen wird, das Licht. Unsere Frage zielt demnach darauf ab, das Formalobjekt, das eigentliche und eigentümliche Objekt der Schöpfung, in Erfahrung zu bringen.

Die Antwort darauf war durch einen Fundamentalsatz des angesehenen Liber de Causis, propositio IV (ed. Pera, Nr. 37), präjudiziert, demgemäß das Sein das Erstgeschaffene sei.[18] Thomas hat sich an den Liber de Causis, dem er seine persönliche Interpretation gab, gehalten. Er bemerkt, daß, wenn von Sein gesprochen werde, es sich nicht darum handeln könne, daß Gott ein erstes Wesen geschaffen habe, dem das Sein von sich zukomme, denn das wäre ja Gott selber, sondern darum, daß das Sein der Formalgegenstand der Schöpfung sei. Kreatur ist etwas deswegen, weil es ein Seiendes ist, dem das Sein gegeben ist. Durch die Schöpfung geht das ganze Sein, und zwar nicht dieses oder jenes Sein, sondern das Sein überhaupt, von dem Universal-Seienden auf die vielerlei Seienden aus (S. Th. I, 45, 4 ad 1).

Duns Scotus (Ox. 4, dist. 1, q. 1, n. 7) hat diese Äußerung von Thomas zum Anlaß eines Einwands genommen: das Sein stamme ja keineswegs von Gott allein, sondern von allen natürlichen Ursachen, worauf Cajetan erwidert hat, Sein sei der eigentliche Gegenstand des Handelns Gottes, der Schöpfung.

---

[18] Prima verum creatorum est esse et non est ante ipsum creatum aliud.

Wenn andere Ursachen das Sein vermittelten, dann aus der Kraft der ersten Ursache.

Für Scotus ist der eigentliche Gegenstand der Schöpfung das ganze Sein *(esse completum)*, nicht bloß ein Teil ihrer (Ox. II, dist. 17, n. 3). Grund für diese Auffassung war die biblische Aussage, daß Gott im Anfang Himmel und Erde geschaffen hat, wobei es sich um lauter zusammengesetzte, subsistierende Wesen und keineswegs bloß um das isolierte Sein handelt.

In bezug auf den Formalgegenstand der Schöpfung haben Theologen wie Heinrich von Gent und Franz von Maironis den Akzent auf die Wesenheit verlegt. Für sie ist im Seinsbegriff und im Begriff des Seienden das Wesentliche in der essentia zu sehen.

Zum Schöpfungsakt gehören die göttlichen Ideen. Ohne Vorstellung eines Dinges sei es weder machbar noch erschaffbar (S. Th. I, 15, 1). Thomas hat eine Vielheit von göttlichen Ideen angenommen. Gott könne sich selber in seiner Wesenheit sehen, die anderen Dinge sehe er nicht in ihnen selber, sondern in sich, in seiner Wesenheit, sofern seine Wesenheit eine von ihm stammende Ähnlichkeit der anderen Dinge enthalte (S. Th. I, 14, 5).

Die Idee ist das, was erkannt wird, keineswegs ein Erkenntnisbild, durch das erkannt wird, ideam operati esse in mente operantis sicut quod intelligitur, non autem sicut species, qua intelligitur (S. Th. I, 15, 2). Gäbe es im göttlichen Intellekt vielerlei Erkenntnisbilder, würde diese Vielheit gegen die göttliche Einfachheit verstoßen, nicht jedoch die Tatsache, daß er vielerlei erkennt. Dadurch, daß Gott sein Wesen erkennt, erkennt er es auch als der Teilhabe durch die Kreatur fähig, die ihr Sein auf vielfache Weise aus Gott hat. Insofern erkennt Gott den Gehalt der verschiedenen an ihm teilhabenden Dinge, und insofern hat er eine Vielzahl von Ideen.

Auch Duns Scotus ist von der Notwendigkeit der Annahme von Ideen im göttlichen Verstande überzeugt. Die Teilhabemöglichkeit der Kreatur an Gott ist ihm jedoch kein genügender Grund für die göttlichen Ideen. Der Stein ist der Kraft nach und in hervorragender Weise virtuell und eminenter in Gott, er hat aber nach Scotus als Stein im göttlichen Intellekt noch kein deutliches und formelles Sein. Das bekommt er erst durch einen Akt des göttlichen Intellekts (Report. I, dist. 36, q. 2, n. 31).

Durch eine Tätigkeit des göttlichen Intellekts, die jedem Einfluß des göttlichen Willens vorhergeht, werden die Ideen in ihrem intelligiblen Sein – nun nicht erschaffen, denn es handelt sich ja noch nicht um Schöpfung – hervorgebracht (intellectus producit obiecta in esse intelligibili; Ox. 1, dist. 3, q. 4, n. 20; vgl. Parthenius Minges: Joannis Duns Scoti doctrina philosophica et theologica. II. Bd. Quaracchi 1930, S. 107–120).

Der Scotismus hat sich mit der Lehre von der Produktion der göttlichen Ideen mit ihrem intelligiblen Sein (esse intelligibile), mit diesem dünnsten Sein göttlichen Intellekts, immer einigermaßen schwergetan. Deshalb haben Schüler und Anhänger die Lehre zu modifizieren versucht. An die Stelle des bei Scotus vom göttlichen Intellekt produzierten esse intelligibile tritt bei Jakob von Ascoli ein von Gott nur konsekutiv, nicht aber effektiv hervorgebrachtes esse intentionale, und bei Franz von Maironis wird das esse intentionale Jakobs von Ascoli ein unverursachbares Sein, das Grundlage der Schöpfung ist, so daß die Schöpfung nicht von nichts ausgeht, sondern von Etwas von der Etwasheit, und nicht von dem Garnichts, von einem Etwas, das in Potenz ist und ein Nichts in Akt.

Für Suárez ist mit Bezug auf Summa Theologica I, 44, 2 und Cajetans Kommentar dazu das ens in quantum ens der Terminus der Schöpfung (Disp. met. XX, sect. 1, n. 29). Dabei schließt Suárez jene Interpretation des Seienden aus, gemäß der es als ein Gott und Kreatur Umspannendes verstanden würde. Durch die Schöpfung wird das Seiende als endliches und schaffbares Seiende aus dem Nichts hervorgerufen. Durch die Schöpfung entsteht ein Ding gemäß seinem ganzen Seinsgehalt per se primo, an sich zuerst, weil das per se primo nach aristotelischem Sprachgebrauch bedeutet, daß das, was an sich zuerst hergestellt wird, in keiner Weise als gegeben vorausgesetzt werden kann.

5. Kapitel

Die göttlichen Ideen, das Mögliche und die zufälligen und ewigen Wahrheiten bei den Scholastikern und bei Leibniz

Die Anschauungen der Scholastiker über die göttlichen Ideen, die possibilia, die möglichen Dinge, die zufälligen und notwendigen Wahrheiten, wie sie in Zusammenhang mit der Schöpfungslehre entwickelt wurden, haben nachgewirkt und haben insbesondere auf einen der bedeutendsten und zugleich universalsten Denker der Neuzeit, Leibniz, einen großen Einfluß ausgeübt. Um ihren inneren Gehalt und ihre geschichtliche Bedeutung, nicht zuletzt des thomistischen Systems, klarer hervortreten zu lassen, seien einige scholastische Einflüsse auf Leibniz erwähnt.

1. Der Gegenstand der göttlichen Erkenntnis, die Produktion der Ideen, die fulguratio und die emanatio

Aus einigen Aufzeichnungen Leibnizens lassen sich zu den Fragen: Welches ist der eigentliche Gegenstand der göttlichen Erkenntnis: Gott? Gott und die possibilia? Die possibilia für sich genommen? Die futura contingentia in sich, unabhängig vom göttlichen Willen? Und wenn abhängig, durch jeweiliges göttliches Dekret oder durch das allgemeine Dekret, je das Bessere zu schaffen? genauere Angaben machen, die Leibniz in ein genaueres Verhältnis zu den großen scholastischen Theologen bringen.

In einer von Grua herausgegebenen Notiz schreibt Leibniz: »Suárez (De scientia Dei, I, 4, § 5) gründet die Ideen in der aktualen göttlichen Erkenntnis, und trotzdem will er, daß Gott die futura contingentia, das kontingent Zukünftige, durch Ideen erkennt, das ist, daß Gott die futura contingentia durch die Kenntnis der futura contingentia erkennt.« (Suárez constituit ideas in actuali cognitione divina, et tamen vult Deum

100

cognoscere futura contingentia per ideas, quod est Deum futura contingentia cognoscere per futurorum contingentium cognitionem; Grua, S. 356, P. 332.)

Um das »und trotzdem« (et tamen) in der Aufzeichnung mit seiner Verwunderung, die an einer suarezischen Sondermeinung Anstoß nimmt, besser zu verstehen, seien einige Vorbemerkungen im Anschluß an den angesehenen Clypeus Theologiae Thomisticae von Johannes Baptista Gonet (I. Bd., 3. Aufl., Paris 1670), einem der zur Zeit Leibnizens angesehensten Thomisten, gemacht.

Mit der theologischen Tradition unterscheidet Gonet verschiedene Arten göttlichen Wissens (S. 193), die keine Mannigfaltigkeit des göttlichen Wissens, sondern nur seiner verschiedenen Gegenstände bedeuten.

Die spekulative Erkenntnis befaßt sich mit jenen Dingen, die bloß möglich sind, die Gott machen kann, aber nicht macht. Das praktische Wissen ist jenes, das nicht nur erkennt, sondern auch sein Objekt macht (S. 193, Nr. 127). Das spekulative Wissen geht einem göttlichen Willensbeschluß vorher, bezieht sich auf die Wesenheiten, wie sie im Intellekt erkannt werden; das zweite, das praktische Wissen, gründet in einem freien Beschluß Gottes und bezieht sich auf gegenwärtig wirkliche oder künftig wirkliche Dinge. Das Wissen der einfachen Kenntnisnahme oder Einsicht (scientia simplicis notitiae seu intelligentiae) bezieht sich auf das, was weder war noch ist, noch sein wird, kurz, auf mögliche Wesen mit Ausschluß ihrer Existenz, während das Wissen der Schau (scientia visionis) das, was war, ist oder sein wird, berührt. Das Wissen der Zustimmung (approbationis) ist jenes Wissen der Schau, das sich mit dem Guten befaßt, das der Mißbilligung (improbationis), das sich auf das Böse bezieht. Erster Erkenntnisgegenstand und Erkenntnismittel Gottes ist die göttliche Wesenheit selbst (S. 194, Nr. 31–32).

Das Wissen der Kenntnisnahme bezieht sich, wie wir gehört haben, auf das Mögliche unter Ausschluß von dessen Verwirklichung. Die Frage ist: Erkennt Gott dieses Mögliche nur vermittels seiner Wesenheit oder auch ohne diese Vermittlung? Gibt es neben der göttlichen Erkenntnis der possibilia durch die göttliche Wesenheit als ihrer Ursache nicht noch eine andere, die das Mögliche unmittelbar in sich, unabhängig von der göttlichen Wesenheit, erkennt? Die Frage ist von weitgehender Bedeutung.

Sind die possibilia durch die göttliche Wesenheit vermittelt, so ist ihre Entwicklung nur durch Vermittlung des göttlichen Willens denkbar; sie haben dann kein Eigengeschick, unabhängig von göttlichen Willensdekreten, die sie bestimmen, während die possibilia, wenn sie unabhängig von der göttlichen Wesenheit sein können, entsprechend vom göttlichen Willen unabhängige Entwicklungen nehmen können, die von Gott in der sogenannten, von Suárez, Valentia, Granada, angenommenen scientia media erkannt werden (S. 202, Nr. 46).

Die Anhänger der scientia media sahen in ihr einen Weg, die menschliche Freiheit, wenn nicht erst möglich, so doch plausibler zu machen, die Gegner der scientia media darin eine Zerstörung der universalen Wirksamkeit Gottes. Nach Gonet zeugt die Tradition gegen die scientia media. Zudem gebe es nach ihr zwei verschiedene Erkenntnisweisen in Gott (S. 203, Nr. 55). Dann wäre auch das Formalobjekt göttlicher Erkenntnis nicht mehr die göttliche Wesenheit, sondern das allgemeine Seiende, das Gott und die Kreatur umgreift (S. 204, Nr. 59). Nun entnimmt aber das Erkennen seine Art und Vollkommenheit seinem ersten und formalen Gegenstand und wird von ihm gemessen. Das Seiende im Allgemeinen, das in Potenz zur Gottheit und zur Kreatur steht, kann deshalb nicht das Formalobjekt des göttlichen Intellekts, die Kreaturen können nicht Maß des göttlichen Intellekts sein (S. 204, Nr. 59).

Der Überraschung und Verwunderung, die die Lehre des Suárez bei Leibniz hervorruft, ist zu entnehmen, daß er, Leibniz, auf dem Boden der alten Theologen steht. Nach klassischer Lehre ist Gott selber das erste und eigentliche Objekt göttlicher Erkenntnis, und erst durch diese hindurch können alle übrigen Gegenstände zu ihrem Objekt werden.

Außer dieser Stellungnahme weist noch eine weitere Überlegung in die Richtung der Verwandtschaft Leibnizens mit dem Thomismus und Scotismus zugleich. Nehmen wir an, Gott sehe die Möglichkeiten der reinen possibilia in ihnen selber, ohne Vermittlung der göttlichen Wesenheit, so sieht er doch, daß mögliche Menschen nur unter möglicher, von Gott ausgehender Gnade – keineswegs unabhängig von ihr – so oder so handeln werden. Die Möglichkeiten des möglichen Menschen rechnen also bereits mit möglichen Willensentschlüssen Gottes, und so

entrinnt nach Leibniz die Annahme der in sich geschauten

possibilia vermittels der scientia media, der Vermittlung durch göttliche Willensentschlüsse, doch nicht (Grua, S. 357, P. 344). Die Determination der Möglichkeiten möglicher Gegenstände setzt göttliche Willensentschlüsse voraus, und so erreicht die Hypothese selbständiger possibilia und einer von der Erkenntnis der göttlichen Wesenheit unabhängigen Erkenntnis das von ihr gesteckte Ziel nicht. Die possibilia sind demnach nur in Abhängigkeit von der göttlichen Wesenheit zu erkennen. Die Frage ist, wie diese possibilia in der göttlichen Wesenheit sind. Nach thomistischer Auffassung vermittels der Möglichkeit, an Gottes Wesenheit auf vielfache Weise teilzunehmen, was eine Vielfalt von schaffbaren Wesen bedingt, und damit auch eine Vielfalt von Ideen. Diese thomistische Auffassung erregt ihrerseits das Bedenken Leibnizens: »Die Thomisten behaupten, daß die geschaffenen Dinge in der göttlichen Wesenheit enthalten sind, mehr als auf eminente oder virtuelle Weise. Capreolus ist bis dahin weitergegangen, daß die geschaffenen Dinge in der göttlichen Wesenheit auf formale Weise enthalten seien, weil sie sonst in Gott nicht objektiv seien. Durandus behauptet, daß die Dinge selbst, insofern sie in Gott objektive sind, Idee seien. Auch Sylvester von Ferrara wagt im Kommentar zum ersten Buch, Kap. 50, der Summa contra Gentes, nach Capreolus zu sagen, Gott sei das formale Prinzip der geschaffenen Dinge.« (Thomistae fatentur res creatas in essentia divina contineri plus quam eminenter vel virtualiter. Capreolus eousque processit, ut contineantur res in ea formaliter, alioque non essent in Deo obiective. Durandus res ipsas, quatenus in Deo obiective, esse ideam. Etiam Ferrariensis contra Gentes, lib. 1, c. 50, ausus post Capreolum dicere Deum esse formale principium rerum creatarum; Grua, S. 355, P. 279–280.) Dann fährt Leibniz fort: »Wohlgemerkt, in der göttlichen Wesenheit sind die Dinge auf eminente Weise, im Intellekt ist etwas mehr, nämlich auf repräsentative Weise, weil im göttlichen Intellekt auch die Unvollkommenheiten und Begrenzungen der Dinge repräsentiert werden.« (Nota bene. In essentia divina res eminenter, in intellectu aliquid amplius, nempe repraesentative, quia repraesentantur intellectu divino etiam rerum imperfectiones seu limitationes; Grua, S. 355, P. 279–280.)

Das »amplius« könnte man einfach als Zustimmung zu einer auf Lombardus zurückgehenden (1. Sentenzenbuch, dist. 36) und von Thomas übernommenen Lehre (vgl. seinen Kommentar zur Stelle) verstehen, nach der mehr im göttlichen Wissen als in der göttlichen Wesenheit enthalten ist. Aber abgesehen von den Bedenken gegen die in der thomistischen Tradition von Capreolus und Sylvester von Ferrara vorgetragene Lehre der formalen Präsenz der Dinge in Gott, vertritt Leibniz auch, wie noch zu zeigen, mit Scotus, eine Produktion der Ideen im göttlichen Verstand. Das »amplius« kann man infolgedessen am besten verstehen, wenn man annimmt, wie es Scotus getan hat und Leibniz es anscheinend auch tut, daß der göttliche Verstand die Ideen, die die Dinge repräsentieren, selber produziert. Scotus hat vor der Welterschaffung eine Produktion der Ideen durch den göttlichen Intellekt gelehrt. Leibniz scheint dieser Auffassung zuzuneigen.[19]

Die These des Scotus von der Produktion der göttlichen Ideen vor der Erschaffung hat in der Geschichte viel Anstoß erregt. Die Scotisten hatten einige Mühe, sie zu verteidigen. Es sind vielleicht diese geschichtlichen Widerstände gegen die scotistische Lehre der Grund dafür gewesen, daß Leibniz sich zu diesem Punkt nicht klarer ausspricht, obzwar er sie zweifellos kennt und ihrer Annahme geneigt erscheint. Denn wenn er die Lehre von der Unabhängigkeit der possibilia ablehnt, weiterhin die thomistische Lehre von den nicht nur eminenten, sondern auch formalen Ideen in Gott für bedenklich hält, deswegen die Ideen auf eminente Weise in der göttlichen Wesenheit annimmt und dabei doch etwas mehr »amplius« im göttlichen Intellekt, so muß hier mit gutem Grund an die scotistische productio idearum gedacht werden. Dazu würde gut passen, daß der Terminus technicus der creatio für den Schöpfungsakt bei Leibniz oft gemieden wird. Er spricht statt dessen lieber von fulguratio, emanatio, productio, vielleicht deshalb, weil diese Begriffe die creatio, die Schöpfung im strengen Sinne, und die productio idearum umfassen und in einem meinen, während die Schöpfung nur den Übergang zur Wirklichkeit aus nichts besagt.

Leibniz hat die Verdienste des Scotus um die Erkenntnis der Bedeutung der göttlichen Willensbeschlüsse für die Ordnung der

---

[19] vgl. eine Zusammenfassung der Hauptpunkte der scotistischen Lehre bei Parthenius Minges: Joannis Duns Scoti doctrina philosophica et theologica. 2. Bd. Quaracchi 1930, S. 108 ff.

kontingenten Dinge hervorgehoben und gibt dabei zu, daß Thomas bereits die gleiche Lehre vertreten habe (vgl. Grua, S. 347, P. 4). Mit Thomas, Scotus, Bradwardinus anerkennt er die Bedeutung der göttlichen Willensbeschlüsse für die Determination des Kontingenten:

»Es ist ungereimt, zu sagen, daß ein an sich indifferentes Ding zu einer Alternative bestimme, ohne hinzuzufügen, was als bestimmend hinzugefügt werden muß. Daher geben der Aquinate, Scotus und Bradwardinus Rechenschaft durch die Determination des göttlichen Willens, aber der Grund wiederum von diesem ist die Bestheit dieser Ordnung oder der universellen Reihe.« (Ineptum dicere rem per se indifferentem determinare ad alterutrum nec addere quid addatur determinans. Unde Aquinas, Scotus, Bradwardinus rationem reddunt per divinae voluntatis determinationem. Sed huius rursus ratio est, nempe optimitas huius ordinis seu seriei universalis; Grua, S. 357, P. 338.)

Daß die Scholastiker diese Bestheit der Ordnung als Motiv der Willensbeschlüsse Gottes nicht gesehen hätten, trägt ihnen von seiten Leibnizens den Vorwurf ein, sie hätten die ratio formalis, den formalen Gesichtspunkt, für diese Willensbeschlüsse nicht gesehen:

»Scotus sucht die Wurzel der Kontingenz in der Freiheit des göttlichen Willens. + Das ist ein Zirkel. + Thomas in der Wirksamkeit des göttlichen Willens + das ist nicht der formale Gesichtspunkt.« (Scotus quaerit radicem contingentiae in divinae voluntatis libertate. + Est circulus. + Thomas in divinae voluntatis efficacia. + Non est ratio formalis; Grua, S. 353, P. 265.)

Die Scholastiker ihrerseits haben Leibniz den Vorwurf nicht erspart, daß er die mit dem Möglichen gegebenen Begrenzungen und das weniger Gute bereits als Übel angesehen hat.

2. Leibniz und die scotistische Tradition der Possibilienlehre

Der Nachweis scotistischer Denkweisen bei Leibniz, der in den vorhergehenden Ausführungen begonnen wurde, kann durch die Interpretation einiger wichtiger Aussagen des Leibnizschen Systems vervollständigt werden. Wir ziehen dafür § 46 und § 48 der Monadologie und § 184 und § 335 der Théodicée heran.

Monad., § 46 (Gerh. VI, 614):

»Indessen darf man sich nicht einbilden, wie einige Leute das getan haben: da die ewigen Wahrheiten von Gott abhängen, seien sie willkürlich und hingen von seinem Willen ab, wie es offenbar Descartes und dann Herr Poiret aufgefaßt haben. Wahr ist das nur bei den zufälligen Wahrheiten, deren Prinzip die Angemessenheit beziehungsweise die Wahl des Besten ist; die notwendigen Wahrheiten dagegen hängen einzig vom Verstande Gottes ab und sind dessen innerer Gegenstand« (Übersetzung: Gerhard Krüger, in: Gottfried Wilhelm Leibniz. Die Hauptwerke. Leipzig 1933, S. 145).

Monad., § 48 (Gerh. VI, 615): »Es gibt in Gott erstens die Macht, aus der alles entspringt, dann die Erkenntnis, die die einzelnen Ideen enthält, und schließlich den Willen, der die Veränderungen oder Erzeugungen nach dem Prinzip des Besten bewirkt. Es entspricht das bei den erschaffenen Monaden dem Subjekt oder der Basis, dem Perzeptionsvermögen und dem Strebungsvermögen. Bei Gott aber sind diese Attribute absolut unendlich beziehungsweise vollkommen, bei den erschaffenen Monaden oder bei den Entelechien (beziehungsweise Perfectihabies, wie Hermolaus Barbarus diese Worte übersetzte) sind es nur je nach dem Maße der Vollkommenheit Abbilder davon« (Krüger, S. 146).

Théod., § 184 (Gerh. VI, 226): »Der selige Jacob Thomasius, berühmter Professor in Leipzig, hat in seinen Erläuterungen der philosophischen Regeln des Daniel Stahl, Professor in Jena, treffend bemerkt, es sei nicht angezeigt, ganz über Gott hinauszugehen, und daß man nicht mit einigen Scotisten sagen solle, daß es die ewigen Wahrheiten geben würde, wenn es keinen Verstand gebe, selbst den Gottes nicht. Denn es ist nach meiner Ansicht der göttliche Verstand, der die Realität der ewigen Wahrheiten macht, obwohl sein Wille keinen Anteil daran hat. Jede Realität muß in etwas Existierendem gründen.

Es ist wahr, daß ein Atheist Geometer sein kann. Aber gäbe es Gott nicht, gäbe es keinen Gegenstand der Geometrie. Und ohne Gott gäbe es nicht nur nichts Existierendes, es gäbe auch kein Mögliches. Das verhindert jedoch nicht, daß diejenigen, die die Verbindung aller Dinge unter sich und mit Gott nicht sehen, doch gewisse Wissenschaften verstehen können, ohne deren erste Quelle, die in Gott ist, zu kennen.«

Théod., § 335 (Gerh. VI, 313): »Das Übel kommt eher von den Formen selbst, jedoch von den abstrakten Formen, das heißt von den Ideen, die Gott nicht durch einen Akt seines Willens – genausowenig wie die Zahlen und Figuren – und in einem Wort – genausowenig wie alle möglichen Wesen, die man als ewig und notwendig ansehen muß – hervorgebracht hat; denn sie befinden sich in der idealen Region des Möglichen, das heißt im göttlichen Verstand. Gott ist also nicht Urheber der Wesenheiten, sofern sie nur Möglichkeiten sind; aber es gibt nichts Aktuales, dem er die Existenz nicht zugesprochen und gegeben hat: und er hat das Übel erlaubt, weil es in dem besten Plan, der sich in der Region des Möglichen findet, enthalten ist und den die höchste Weisheit zu wählen nicht verfehlen konnte.«

In den angeführten Texten gibt Leibniz Auskünfte über seine Ideenlehre, die auf mittelalterliche Traditionen verweisen. Die kontingenten Wahrheiten hängen nach Leibniz vom Willen Gottes ab, nicht aber die ewigen Wahrheiten – letzteres im Gegensatz zu der Meinung von Descartes und Poiret.

Die Allmacht ist die Quelle von allem, das Wissen Gottes enthält das Detail der Idee, und der Wille regiert die Welt des Veränderlichen nach dem Prinzip des Besseren. Aus diesen Ausführungen der Monadologie und Théodicée und den im vorherigen Abschnitt mitgeteilten Aufzeichnungen über die Ideen geht hervor, daß es das göttliche Wissen ist, das die virtuell und auf eminente Weise im göttlichen Wesen präsenten Ideen in ihrem Detail, in ihrem formalen Sein enthält.

Das ist eine im Mittelalter verbreitete Ansicht, für die man unter anderem Petrus Lombardus und Thomas von Aquin anführen kann. Im ersten Sentenzenbuch, dist. 36 (ed. Mandonnet, S. 825), schreibt Petrus Lombardus: Gottes Wissen gehöre zwar zu seinem Wesen. Aber dafür gehöre nicht alles, was zu seinem Wissen gehöre, zum Beispiel die Kreaturen in ihrer Möglichkeit, zu seinem Wesen.

In der Quaestio I, Art. 3 zur 36. Distinctio des ersten Sentenzen-buches (ed. Mandonnet, S. 836) wiederholt Thomas die Unter-scheidung des Lombarden und sagt, es sei etwas anderes, daß etwas in Gottes Wissen, etwas anderes, daß es in Gott, und etwas anderes, daß es in der göttlichen Wesenheit sei. Was Gott erkenne, sei in seinem Wissen. Was in seinem Wesen sei, gehöre zu ihm, existiere in der göttlichen Wesenheit, daher gehörten die Kreaturen, die von Gott erkannt werden, zwar zum göttlichen Wissen, aber nicht zum Wesen Gottes.

Leibniz geht über diese Auffassungen hinaus. Die göttlichen Ideen sind keine Fiktionen, sondern existieren in einer gewissen Region der Ideen in Gott, dem Quell jeglicher Wesenheit und aller übrigen Existenz (vgl. Gerh. VII, 305). Gott ist nicht nur Quelle der Erkenntnis, sondern der Realität der Möglichkeiten. Wenn es keinen Gott gäbe, gäbe es keine ewigen Wahrheiten. Gott selber ist die Wurzel der Möglichkeit, und sein Geist ist der Bereich der Ideen und Wahrheiten: »Wenn es keine ewige Substanz gäbe, gäbe es keine ewigen Wahrheiten. Infolgedessen wird auch von hier aus Gott bewiesen, der die Wurzel der Möglichkeit ist, denn sein Geist ist die Region der Ideen oder der Wahrheiten selbst.« (Si nulla esset substantia aeterna, nullae forent aeternae veritates; itaque hinc quoque probatur DEUS, qui est radix possibilitatis, eius enim mens est ipsa regio idearum sive veritatum; Gerh. VI, 311.)

Die behutsame Ausdrucksweise Leibnizens, der Streit da vermeiden will, wo er nicht unbedingt nötig ist, kann auch hier noch im Zweifel lassen, ob er nicht im Grunde noch thomistisch denkt. Auf den historischen und systematischen Kontext seiner Überlegungen verweist er klar in dem in Übersetzung mitgeteilten Paragraphen 184 der Théodicée. Leibniz sieht seine Lehre von den ewigen Wahrheiten im Zusammenhang mit dem Scotismus, aber er lehnt – mit Jacob Thomasius, einer breiten scotistischen Tradition und den Thomisten – die einigen Scotisten eigentümli-che Lehre der Unabhängigkeit der ewigen Wahrheiten vom göttlichen Intellekt ab.

Die Sonderlehren der einzelnen Scotisten sind hier nicht im einzelnen zu erörtern. Wertvolle Hinweise darüber findet man bei Mastrius in seinen Disputationes ad mentem Scoti in 12 Aristotelis Stagiritae libros Metaphysicorum. II. Bd. Venedig 1678, S. 23 ff.

Für unsere Zwecke beschränken wir uns auf die klassische Interpretation der scotistischen Lehren, so wie sie Claudius Frassen, ein anerkannter Pariser Scotist des 17. Jahrhunderts, lichtvoll gegeben hat (Scotus academicus, tr. II, disp. 1, art. 2, sect. 1, q. 1): Frassen unterscheidet ein dreifaches Sein der Kreatur: ein eminentes und virtuelles Sein, das die Kreatur in der göttlichen Wesenheit hat; ein Erkanntsein und Objekt-Sein im göttlichen Verstand, ein entitatives Sein in der Wirklichkeit. Frassen lehrt mit Scotus in einer ersten These, die möglichen Dinge hätten kein wirkliches Sein von Ewigkeit her besessen, und weist mit sieben Argumenten eine entgegengesetzte Lehre Heinrichs von Gent zurück. In einer zweiten These lehrt er, die Kreaturen hätten ihr erstes, genau abgegrenztes Sein vom göttlichen Intellekt her, und in einer dritten These wird dieses Sein, das mögliche Sein der Kreaturen, als ein Sein charakterisiert, das nicht vollwirklich ist, sondern ein esse diminutum, ein verkleinertes Sein.

Wenn Leibniz der traditionellen Interpretation des Scotismus gefolgt ist, kann man Texte, die an sich etwas schwerer verständlich sind, leichter verstehen. Die reine Widerspruchslosigkeit gibt den vom göttlichen Intellekt gedachten possibilia noch keine Art von Realität. Diese Realität entstammt erst dem wirklichen Gedachtwerden durch Gott, das den possibilia gewisse, miteinander verträgliche Inhalte und ihre Realität verleiht. Das göttliche Denken produziert die Wesenheit oder die Realität des Möglichen, die nach dem Maße ihres inneren Gehalts zur Wirklichkeit drängt und durch den göttlichen Willen zur Wirklichkeit berufen wird. Auf die Weise kann man § 43 der Monadologie verstehen: »In Gott liegt aber nicht nur die Quelle der Existenzen, sondern auch der Essenzen (Wesenheit), sofern sie real sind, beziehungsweise dessen, was es in der Möglichkeit schon an Realem gibt. Denn der Verstand Gottes ist die Region der ewigen Wahrheiten beziehungsweise der Ideen, von denen sie abhängen, und ohne Gott wären die Möglichkeiten keine realen Möglichkeiten; es gäbe ohne ihn nicht nur nichts Existierendes, sondern auch nichts Mögliches«; § 44: »Wenn es nämlich eine Realität in den Wesenheiten oder Möglichkeiten beziehungsweise in den ewigen Wahrheiten gibt, dann muß diese Realität offenbar in etwas Existierendem und Wirklichem, folglich in der Existenz des notwendigen Wesens, begründet sein, bei dem die Existenz schon zu seinem Wesen gehört oder bei dem es, um wirklich zu sein, schon genügt, wenn es nur möglich ist« (Übers. Krüger, S. 144–145).

Weil diese Realitäten Produktionen des göttlichen Intellekts, nicht des göttlichen Willens sind und sich in ihnen Begrenzung findet, die nach Leibniz Ursprung des Übels ist, ist der göttliche Intellekt notwendigerweise Quelle einerseits der Vollkommenheit dieser Welt, andererseits auch ihrer Mängel und der darin sich befindenden Übel.

In der Théodicée ist Leibniz auf die Frage der Ursache des Übels eingegangen (Théodicée, § 20; Gerh. VI, 114–115; deutsche Übersetzung bei Krüger, S. 199–200):

»Man fragt zunächst: Woher kommt das Übel? Si Deus est unde malum? – Si non est, unde bonum? Die Alten schrieben die Ursache des Übels der Materie zu, die sie für unerschaffen und für unabhängig von Gott hielten; aber wo sollen wir, die wir alles Sein von Gott herleiten, die Quelle des Übels finden? Die Antwort lautet, daß sie in der idealen Natur des Geschöpfes gesucht werden muß, sofern diese Natur in den ewigen Wahrheiten beschlossen liegt, die, unabhängig vom Willen Gottes, in seinem Verstande sind. Denn man muß bedenken, daß es schon vor der Sünde eine ursprüngliche Unvollkommenheit im Geschöpf gibt, weil das Geschöpf wesentlich begrenzt ist; daher kommt es, daß das Geschöpf nicht allwissentlich sein kann, daß es sich täuschen und andere Fehler machen kann. Plato hat im Timäus gesagt, die Welt sei aus Verstand und Notwendigkeit entsprungen. Andere haben entsprechend Gott und die Natur verbunden. Man kann dem einen guten Sinn geben: dann ist Gott der Verstand und die Notwendigkeit, das heißt die wesenhafte Natur der Dinge, das Objekt des Verstandes, sofern es in den ewigen Wahrheiten besteht. Aber dieses Objekt ist ein Inneres; es befindet sich innerhalb des göttlichen Verstandes. Und dort liegt nun nicht nur die Urform des Guten, sondern auch der Ursprung des Übels: die Region der ewigen Wahrheiten muß man an die Stelle der Materie setzen, wenn es sich darum handelt, die Quelle der Dinge zu suchen. Diese Region ist (sozusagen) die ideale Ursache des Übels ebensowohl wie des Guten: aber genaugenommen hat das Übel als solches keine

bewirkende Ursache, denn es besteht, wie wir gleich sehen

werden, in der Privation, im Mangel von etwas, das heißt in dem, was die wirkende Ursache gerade nicht bewirkt. Daher pflegen die Scholastiker die Ursache des Übels als defizient zu bezeichnen (etwa = Fehlursache).«

3. Über notwendige und kontingente Wahrheiten

Ohne Verständnis Gottes, des Ursprungs aller Dinge, sind seine Schöpfungen nicht zu verstehen. Obwohl nun Gott in dem, worin wir ihm ähnlich sind, uns verständlich ist, bleibt er als Unendlicher in vielem unverständlich.[20] Infolgedessen kann die Vernunft Gott und seine Geheimnisse nicht ausschöpfen, jedoch vermittels der Heiligen Schrift in die Geheimnisse Gottes hineinblicken (vgl. Grua, S. 18).

Sowenig wie Gott selber können die Prinzipien, der Akt und das Ziel seines Handelns vom Menschen adäquat begriffen werden. Die logischen und metaphysischen Prinzipien des Seienden gelten für Gott wie für die Menschen gleichermaßen[21]:

Die zwei obersten Prinzipien der Gesamtwirklichkeit sind das Prinzip des Widerspruchs und das des Vollkommenen. Auf ersteres stützen sich alle notwendigen Wahrheiten – der Logik, Arithmetik, Geometrie usw., auf letzteres alle ihrer Natur nach kontingenten Wahrheiten, die einen Willensbeschluß Gottes voraussetzen (vgl. dazu Grua, S. 287 – davon etwas verschieden Op., 183).

Es ist keineswegs widersprüchlich, anzunehmen, daß Gott auch das mache, was weniger vollkommen ist. Das weniger Vollkommene ist auch immer dann noch möglich, wenn es auch nicht wirklich wird. Wäre es widerspruchsvoll, so wäre die Notwendigkeit des Besseren streng beweisbar und der Gedanke eines weniger vollkommen Möglichen unsinnig (Grua, S. 288).

Hier erhebt sich eine prinzipielle Frage: Ist es nicht so, daß Gott,

---

[20] Nos possumus dicere Deum habere intellectum nostro quodammodo similem, prorsus enim Deus res intelligit ut nos, sed eo discrimine quod simul etiam aliis modis infinitis eas intelligit et nos uno tantum (Grua, S. 266).

[21] Respondeo dari principia communia rebus divinis et humanis et hoc optime observarunt (Scholastici) Theologi (Grua, S. 20).

wenn er will, nicht das Bessere wollen muß, und besonders, daß er nicht schon deshalb wollen muß, weil es besser ist, etwas zu wollen als es nicht zu wollen? Gemäß dem Prinzip des Besseren, das nicht auf das Gesetz des Widerspruchs zurückführbar ist, aber ihm gleich ursprünglich (vgl. Grua, S. 301–302 – Op., 186, 336), kann man gewiß sein, daß Gott immer das Bessere tut, kann man aber auch gewiß sein, daß er gemäß diesem Prinzip überhaupt etwas tun will, wollen will? Will Gott notwendig oder frei, will er auf Grund der Einsicht seiner Weisheit oder einfach, weil er will? Leibniz antwortet, Gott könne nicht nur willentlich wollen, das heißt wollen, weil er wolle, sonst gäbe es einen Regreß in infinitum, sondern er wolle das Beste, das durch seine Weisheit vermittelt sei. Was er wolle, müsse seiner Weisheit konform sein. Die göttliche Weisheit könne nur das als das Bessere und zu Tuende wollen, was in Wirklichkeit besser sei und zu tun sei. Weil es sich dabei nicht um das absolut Bessere – um Gott selber – und absolut zu Tuende handle, deshalb bleibe sein Wollen frei (Grua, S. 297).

Die Frage, ob das einfache Faktum des göttlichen Wollens oder auch des göttlichen Beschlusses, etwas zu beschließen, unabhängig vom Inhalt dieses Beschlusses sei, beantwortet Leibniz, Gott habe zu wollen gewollt, und auch das habe er wieder gewollt, und so ins Unendliche (vgl. Grua, S. 302, 287, 288, 289, 297, 386).

Der Bereich der kontingenten Wahrheiten untersteht dem Prinzip, daß das Bessere zur Wirklichkeit berufen ist, und dieses Prinzip ist ein erstes, nicht beweisbares, weder auf das Widerspruchsprinzip noch auf das Prinzip vom zureichenden Grunde zurückführbares Prinzip der kontingenten Wirklichkeit. Außerhalb seiner findet Gott nichts absolut gut und absolut gesollt. Dieser Sektor ist seiner Weisheit gemäß dem Prinzip des Besseren unterworfen. Wenn Gott überhaupt will, will er seiner Weisheit gemäß das Bessere, das ist, was ihm mehr gefällt, und ihm gefällt mehr, was dem Inhalt nach besser ist (vgl. Op., 376; Grua, S. 297). Leibniz unterscheidet sich darin von Thomas von Aquin, daß ihm nur eine beste Möglichkeit möglich und Gott ihm darauf moralisch festgelegt erscheint. Gott beschließt überhaupt etwas, weil er diesen Beschluß selbst beschließt, und so ins Unendliche. Gottes Wollen schließt ein ihm Vorgegebenes aus. Der Wille Gottes, das Beste zu schaffen, setzt seinen vorgängigen Willen voraus, überhaupt etwas außer ihm selbst zu wollen. Das ist der Abgrund göttlichen Wollens, »darin nämlich besteht das ganze Verborgene, daß Gott nicht nur beschloß, das Beste zu machen, sondern beschloß, zu beschließen« (in eo igitur consistit totum arcanum, quod Deus non tantum decrevit facere perfectissimum, sed et decrevit decernere; Grua, S. 302).

Dieser Abgrund verhindert eine Durchleuchtung göttlichen Wollens und des von ihm in der Schöpfung Gewollten. Was man verstehen kann, ist folgendes: Das Mögliche, und das heißt nach Leibniz auch schon bereits das Seiende, fordert die Existenz, hat eine Neigung, einen Drang zur Existenz. Das kann es aber nur, wenn es schon in einem Existierenden ist. Als rein Mögliches ist es aus sich machtlos. Es ist auf die Macht angewiesen, die es zu realisieren imstande ist. Diese Macht muß aus sich selbst existieren. Sie ist infolgedessen Gott. Die Seinsweise des Möglichen ist daher ursprünglich die des Gedachtseins in der göttlichen Vernunft.

Wenn nun zwar auch alles Mögliche zur Verwirklichung drängt, so wird doch nicht alles wirklich. Wirklich werden nur jene Möglichkeiten, die mit allen anderen verträglich (compossibilia) sind, und unter den verträglichen nur die vollkommeneren. Die Auswahl der Möglichkeiten erfolgt nach dem Maßstab der Vollkommenheit durch den göttlichen Willen, dessen Wahl und dessen Leitsatz, das principium existentiae, nicht mehr abgeleitet werden kann.

Die Vollkommenheit wird von Leibniz bald als einfache positive und absolute Qualität definiert (Gerh. VII, 261), bald mit essentia gleichgesetzt (perfectio seu essentia; Grua, S. 288), bald als Quantität des Wesens oder der Möglichkeit bestimmt. Was am meisten Wesen hat, das ist das Vollkommenere und wird deshalb auch wirklich.

Wenn die Wesenheit an sich zur Wirklichkeit drängt, dann folgt daraus, daß die quantitativ gewichtigsten Wesenheiten ins Dasein fallen (omnia possibilia, seu essentiam vel realitatem possibilem exprimentia, pari iure ad existentiam tendere pro quantitate essentiae seu realitatis, vel pro gradu perfectionis quem involvunt; est enim perfectio nihil aliud quam essentiae quantitas; Gerh. VII, 303).

Es fragt sich nach diesen Überlegungen Leibnizens, ob Möglichkeiten nicht geradezu mechanisch vermittels eines Mechanismus metaphysicus, ohne die Dazwischenkunft des göttlichen Willens, zur Wirklichkeit drängen. Das ist deshalb nicht der Fall, weil die Möglichkeiten ohne Existenz und ohne Macht sind und weil der göttliche Wille keineswegs gezwungen ist, die Möglichkeiten ins Dasein zu rufen, weil der Satz, daß das Bessere jeweils sein müsse, der das Prinzip der Schöpfung ist, in sich selbst nicht evident und notwendig ist (Grua, S. 301–302).

Die Existenz, die auf Grund göttlichen Bestimmens und Wollens hervorgeht, ist nur durch Wahrnehmung und Fühlen erfahrbar. Existenz ist etwas Mögliches und noch etwas dazu, possibile et aliquid praeterea (Op., 375–376), oder etwas, das mit vielem anderen verträglich ist und dazu noch dem allmächtigen Gott gefällt – was cum pluribus compatibile est, und was intelligenti et potenti placet (Op., 375–376). Die Existenz kann deutlich erfaßt werden (distincte percipi potest) im Gegensatz zum Seienden oder Möglichen, das deutlich gedacht werden kann (quod distincte concipi potest). Leibniz geht so weit zu behaupten, daß, wenn es kein Fühlen und gefühlsmäßiges Erfahren gäbe, es auch kein Existieren gäbe (sine sentientibus nihil existeret. Sine uno primo sentiente, quod idem et causa rerum est, nihil sentiretur; Grua, S. 267–268).

Wenn nur jenes Urteil wahr ist, in dem das Prädikat im Subjekt enthalten ist, und wenn im Begriff einer Einzelsubstanz alle Prädikate, die ihr zukommen, enthalten sind (im Begriff Cäsar zum Beispiel, daß er den Rubikon überschreiten wird oder überschritten hat (Op., 520; vgl. DM, 35–36), und wenn endlich bei allem Enthaltensein der Prädikate im Subjekt die Einzelwesen trotzdem nicht notwendig handeln müssen, sondern frei sein können, so kommt das daher, daß man im Subjekt notwendige und kontingente Prädikate unterscheiden kann und muß (vgl. Grua, S. 311).

Die kontingenten Wahrheiten kommen in der Analyse des Subjekts nie ans Ende, während die Wesenswahrheiten sich durch Analyse des Subjektinhalts erschöpfend aufzeigen lassen. Deshalb gibt es eine eigentliche Beweisführung in der Wesensordnung, während die kontingenten Wahrheiten sich letztlich in einer Schau des Faktischen begründen (vgl. Op., 1–3, FdC, B 179–180).

Das Gemeinschaftliche dieser beiden Arten von Wahrheiten, der veritates necessariae und der veritates contingentes, besteht darin, daß sie beide begründet werden können. Der Grund ist aber jeweils ein verschiedener; bei den veritates necessariae ist der Grund ein notwendiger, bei den veritates contingentes ein moralisch bestimmender. (Commune omni veritati mea sententia est ut semper propositionis non identicae reddi possit ratio, in necessariis necessitans, in contingentibus inclinans; Grua, S. 303.)

Der Gang der Wissenschaft zeigt, daß die ersten Prinzipien in den Kern der Wirklichkeit führen und demnach Seins- und Wirklichkeitskategorien im wesentlichen übereinstimmen (vgl. Gerh. VII, 184; IV, 571).

Die universale Geltung der Prinzipien gibt der menschlichen Vernunft jedoch keineswegs die Möglichkeit der apriorischen Konstruktion des Gegebenen. Die Mathematik hat sich an der Empirie, die Metaphysik an der Offenbarung, die in diesem Leben die Erfahrung eines Künftigen vertritt, zu bewähren (Grua, S. 31).

6. Kapitel

Die Weisheit Gottes

Leibniz (1646–1716) war genialer Philosoph, bahnbrechender Mathematiker und Physiker, Historiker, Diplomat und Politiker, brennend an Kirchenfragen interessiert und, wie kein zweiter, in theologischen Fragen informiert. Hundert Jahre später (1770–1831) hat sich Hegel mit manchen der Probleme, die Leibniz bewegt hatten, erneut und im Bewußtsein einer Verankerung in der Tradition auseinandergesetzt. Doch Hegel stand in bezug auf genaues Wissen in theologischen Fragen beträchtlich hinter Leibniz zurück, und zwar aus mehreren Gründen. Das unterschiedliche theologische Niveau ist, abgesehen von individuellen Unterschieden, die sich dem Verständnis weitgehend entziehen, durch Zeitumstände und praktische Belange zu erklären. Leibniz gehört einer Zeit an, in der theologische Probleme wie das von Freiheit und Gnade – man denke an den Jansenismus und Port-Royal sowie das Theodizee-Problem – die ganze europäische Öffentlichkeit interessieren, während Hegel als Theologe und Philosoph die ganze Last rationalistischer Kritik und Aufklärung des 18. Jahrhunderts zu tragen hatte.

Die Französische Revolution bedeutet für die Kirchen und die Theologien eine Ära des Niedergangs und der Bedeutungslosigkeit. Kirchenpolitische Fragen hatten das Gewicht verloren, das sie zu Zeiten Leibnizens noch hatten, und deshalb ist eine genauere Kenntnis der alten Theologie für Hegel nicht mehr von der Bedeutung gewesen, wie sie es für Leibniz tatsächlich war. Hegel hätte sich im Schriftwechsel mit bedeutenden Theologen und Kirchenführern mit seinen theologischen Auffassungen immer wieder darauf hinweisen lassen müssen, daß er grundlegende Dogmen, so der Trinität, der Schöpfung, der Inkarnation, schief oder irrtümlich interpretiere, was einen Mann mit der

Information, Genauigkeit und Gewissenhaftigkeit Leibnizens nicht so leicht passieren konnte.

Manche der Schwierigkeiten, die sich im Verlauf der Entwicklung des Hegelianismus ergaben, hängen nicht zuletzt mit der Großzügigkeit, bisweilen auch Überheblichkeit und Ungenauigkeit, zusammen, mit der er auch die Theologie betreffende Thesen, wie die des Verhältnisses von Gott und Welt, der Schöpfung und des Gottmenschen, behandelte.

Trotz seines ausgedehnten Wissens hatte Hegel keine nennenswerte Kenntnis der großen theologischen Systeme des Mittelalters. Darin unterscheidet er sich zu seinem Nachteil wesentlich von Leibniz.

Mit Leibniz verband ihn jedoch die prinzipielle Überzeugung, der Denker müsse in der Tradition verwurzelt sein und sich gleichzeitig seiner Zeit zuwenden. Die Zeit Hegels hatte nun ein neu erwachtes Interesse für Probleme der Gesellschaft, des Staates, der Geschichte, und es sind diese Problemfelder gewesen, auf denen Hegel seinen theologischen Interessen nachging.

Hegels Beschäftigung mit der Weltgeschichte entsprang nicht zuletzt einem Motiv, das auch Leibnizens Arbeit bestimmt hatte, dem Motiv der Theodizee: »Unsere Betrachtung«, so sagt er in der Einleitung zu seinen »Vorlesungen über die Philosophie der Geschichte«, »ist insofern eine Theodicee, eine Rechtfertigung Gottes, welche Leibniz metaphysisch auf seine Weise in noch unbestimmten abstrakten Kategorien versucht hatte, so daß das Übel in der Welt begriffen, der denkende Geist mit dem Bösen versöhnt werden sollte. In der Tat liegt nirgend eine größere Aufforderung zu solcher versöhnenden Erkenntnis als in der Weltgeschichte« (WW XI, S. 42). Man dürfe Gott nicht nur in der Natur, wie es Leibniz großartig getan hatte, suchen, sondern man müsse es auch auf dem Boden der Gesellschaft und der Geschichte tun: »Es war eine Zeitlang Mode, Gottes Weisheit in Tieren, Pflanzen, einzelnen Schicksalen zu bewundern. Wenn zugegeben wird, daß die Vorsehung sich in solchen Gegenständen und Stoffen offenbare, warum nicht auch in der Weltgeschichte? Dieser Stoff scheint zu groß. Aber die göttliche Weisheit, die Vernunft, ist eine und dieselbe im Großen wie im Kleinen, und wir müssen Gott nicht für zu schwach halten, seine Weisheit aufs Große anzuwenden« (WW XI, S. 42).

Wie die Weltgeschichte, so ist die Geschichte der Ideen und die

Geschichte der Philosophien zu betrachten. »Das Beste in der Welt ist, was der Gedanke hervorbringt. Daher ist es unpassend, wenn man glaubt, nur in der Natur sei Vernunft, nicht im Geistigen. Demjenigen, welcher die Begebenheiten im Gebiete des Geistes – und das sind die Philosophien – für Zufälligkeiten hält, ist es nicht Ernst mit dem Glauben an eine göttliche Weltregierung, und sein Glaube an die Vorsehung ist ein leeres Gerede« (WW XVII, S. 65). Begriffsbildungen und Systembildungen stehen nach Hegel unter notwendigen Gesetzen, und die Gesetzlichkeit darin ist die Dialektik: »Wie die Entwicklung der Begriffe in der Philosophie notwendig ist, so ist es auch ihre Geschichte. Das Fortleitende ist die innere Dialektik der Gestaltungen« (WW XVII, S. 66).

Wie die Logik ihr Begriffssystem dialektisch entwickelt, so die Geschichtsphilosophie den geschichtlichen Prozeß und die Geschichte der Philosophie den Gang der philosophischen Systeme. So entwickelt sich auch die Religion von der Naturreligion bis zur offenbaren Religion, in der »Gott ganz offenbar geworden« (WW XV, S. 100), zu ihrer Zeit, die »im wesentlichen, ewigen Ratschluß Gottes, das heißt in der ewigen Vernunft, Weisheit Gottes« (WW XV, S. 100), bestimmt ist. Sie – die Weltgeschichte, die Geschichte der Philosophie und der Religionen – in ihrer Entwicklung und dem Fortleitenden dieser Entwicklung, »der inneren Dialektik der Gestaltungen«, stehen unter dem Gesetz der Vorsehung und Weltregierung, der Vernunft und der Weisheit Gottes.

Dabei ist die Eindeutigkeit des Wahren eine Voraussetzung Hegelschen Philosophierens. In der Einleitung zur »Religionsphilosophie« betont Hegel, »daß es nicht zweierlei Vernunft und zweierlei Geist geben kann, nicht eine göttliche Vernunft und eine menschliche, nicht einen göttlichen Geist und einen menschlichen, die schlechthin verschieden wären« (WW XV, S. 50). Daher scheint es Hegel möglich, »die Wahrheit, wie sie ohne Hülle an und für sich selbst ist, die Darstellung Gottes, wie er in seinem ewigen Wesen vor der Erschaffung der Natur und eines endlichen Geistes ist« (WW IV, S. 46), und die »Natur der reinen Wesenheiten« (WW IV, S. 18) erkennend zu erfassen.

Die Suche nach der Weisheit Gottes, nach der Vorsehung und Weltregierung, nach dem Plan der Vorsehung darf nach Hegel nicht im Abstrakten bleiben. Sie darf sich auch nicht damit begnügen, den Plan der Vorsehung in einzelnen Schickungen erkennen zu wollen. Das sei »Kleinkrämerei des Glaubens« (WW XI, S. 40). Es komme darauf an, die göttliche Vernunft im Gang der Geschichte nachzuweisen: »Die Vernunft, von der gesagt worden, daß sie in der Welt regiere, ist ein ebenso unbestimmtes Wort als die Vorsehung – man spricht immer von der Vernunft, ohne eben angeben zu können, was denn ihre Bestimmung, ihr Inhalt ist, wonach wir beurteilen können, ob etwas vernünftig ist, ob unvernünftig. Die Vernunft in ihrer Bestimmung gefaßt, dies ist erst die Sache« (WW XI, S. 42–43).

Leibniz hat auf andere und auch wieder ähnliche Weise nach der Weisheit Gottes gesucht. Nach Leibniz sind ohne das Verständnis Gottes, des Ursprungs aller Dinge, seine Schöpfungen nicht zu verstehen (Grua, S. 558).

Gott ist in dem, worin wir ihm ähnlich sind, verständlich, beispielsweise in seinem Erkennen. Wir erkennen aber nur auf eine Weise, er als Unendlicher auf unendlich viele Weisen. (Nos possumus dicere Deum habere intellectum nostro quodammodo similem, prorsus enim Deus res intelligit ut nos, sed eo discrimine quod simul etiam aliis modis infinitis eas intelligit et nos uno tantum; Grua, S. 266.)

Deshalb kann die Vernunft Gott und seine Geheimnisse nicht unmittelbar erfassen, sondern wie das Auge die Sonne im Spiegel des Wassers oder durch ein farbiges Glas sehen kann, nur vermittels der Heiligen Schrift. Vermittels der Schrift sieht die Vernunft die Geheimnisse Gottes wie durch einen Schleier, der erst nach diesem Leben weggenommen wird (Grua, S. 18).

Die Schrift offenbart die Geheimnisse Gottes, Welt und Geist lassen ihrerseits auf sie schließen. Die Ideen, die Gott in unsern Geist gesenkt hat, die Struktur der Körperwelt sind Spuren der Weisheit Gottes, und der Gang der Geschichte läßt das Geheimnis der Vorsehung ahnen. Daher sind Geschichte und Wissenschaft Schlüssel zur Erkenntnis der Größe der Weisheit Gottes. (Mais si je fais grand cas de ces belles connoissances Historiques qui nous font entrer en quelque façon dans le secret de la providence, je n'estime pas moins la voye des sciences pour connoistre les grandeurs de la Sagesse Divine, dont les marques se trouvent dans les idées que Dieu a mis dans nostre ame, et dans la structure des corps, qu'il a fournis à nostre usage; Op., 226.)

Weisheit hat einen Bezug zu Erkenntnis und Glückseligkeit zugleich. Die Definitionen, die Leibniz von der Weisheit gibt, weisen unverändert auf diese zwei Elemente hin: Sapientia nihil aliud est quam scientia felicitatis sive perfectionis humanae (Op., 222); Sapientia est scientia primaria, seu scientia felicitatis (Op., 496) und, noch kürzer: Sapientia est scientia felicitatis (Op., 516). Die Gerechtigkeit steht in unmittelbarem Zusammenhang mit der Weisheit: Iustitia est charitas sapientis seu charitas quae prudentiae congruit (Op., 516). Liebe, Wohlwollen, Zuneigung vermögen nicht alles. Das sieht der Weise ein, und er tut, was er klugerweise kann, und ist damit gerecht, wie Gott auch gegenüber seiner Kreatur gerecht ist, wenn er es möglichst gut macht, obwohl es manche Übel in der Schöpfung gibt.

Wie bei Leibniz die Weisheit die Verbindung von Wissen und Glückseligkeit kundtut, so bei Thomas das Gesetz, das der Weisheit entspringt. Das Gesetz ist Anordnung der Vernunft. Vernunft ist jedoch kein Selbstzweck. Die Vernunft ist Prinzip der menschlichen Akte, und die Glückseligkeit, das letzte Ziel aller menschlichen Akte, ist wiederum Prinzip der praktischen Vernunft. Da Glückseligkeit jedoch nicht ohne Bezug auf den Mitmenschen sein kann, deshalb hat das Gesetz einen Bezug zur Gemeinschaft und zur gemeinsamen Glückseligkeit (S. Th. II$_1$, 90, 2).

Es gibt Gesetze, die das Leben der menschlichen Gemeinschaft regeln, und darüber hinaus solche, die das Weltall bestimmen. Wenn es wahr ist, daß die Welt von der göttlichen Vorsehung durchwaltet ist – in Gott gibt es einen Begriff davon, wie die Dinge geordnet sind, und der Begriff dieser Ordnung (ratio ordinis) auf ein Ziel hin ist Vorsehung, wie die Ausführung dieser Ordnung Regierung ist (S. Th. I, 22, 1) –, dann gibt es auch eine in der göttlichen Vernunft gegründete Ordnung auf ein Ziel hin, mit anderen Worten, ein ewiges Gesetz, da die göttliche Vernunft nicht zeitgebunden ist, sondern ewig (S. Th. II$_1$, 91, 1).

Das ewige Gesetz gründet in dem göttlichen Verstand, der mit dem göttlichen Willen verbunden ist (S. Th. I, 14, 8), in Gottes Weisheit. Die göttliche Weisheit, sofern sie die Welt und die Kreaturen schafft, enthält die Bestimmung der Kunst, der Idee, der Musterbilder; sofern sie die Dinge auf ein Ziel hinordnet, enthält sie die Bestimmung des Gesetzes. Daher ist das ewige

Gesetz nichts anderes als der Begriff der göttlichen Weisheit, sofern sie alle Akte und Bewegungen leitet (S. Th. II₁, 93, 1).

Der menschliche Verstand wird von den Dingen gemessen, der göttliche ist ihr Maß (S. Th. I, 14, 8 ad 3; II₁, 93, 1 ad 3; De veritate I, art. 2). Als Selbsterkenntnis, als das Maß der Dinge in ihrer Gestaltung durch die Schöpfung und als Hinordnung der Dinge auf ein Ziel durch die Vorsehung, ist die göttliche Vernunft, die mit Gottes Wollen gepaart ist, die Weisheit Gottes. Was beim Menschen sich in vielerlei Akte von unterschiedlichem Wert zersplittert, das ist in Gott in seiner Weisheit vollkommen und umfassend da: die Einsicht in Prinzipien (intelligentia), das Wissen der Schlußfolgerungen (scientia), das Wissen um die letzte Ursache (sapientia). Gottes Erkennen kann alle diese Namen tragen, vorausgesetzt, daß man jede Spur von Unvollkommenheit oder Unvollständigkeit von diesen Begriffen entfernt (S. Th. I, 14, 1 ad 2). Im Kommentar zum ersten Korintherbrief (cap. 1, lect. 3 in D. Pauli Apostoli Epistolas Commentaria. I. Bd. Ed. Vivès. Paris 1870, S. 256) sagt Thomas einfach so: »Weisheit und Klugheit unterscheiden sich dadurch, daß die Weisheit sich auf Gott, die Klugheit sich auf die Menschenwelt bezieht.«

Die Sicht der Weisheit bei Thomas schließt sich an Aristoteles an. Im 6. Buch der Nikomachischen Ethik (Kap. 3–9; dazu die Lectiones 3–7 des hl. Thomas) hat Aristoteles die verschiedenen Stufen des Wissens: die Künste und die Klugheit einerseits, die theoretischen Wissensformen andererseits, unterschieden. Die Einsicht in die Prinzipien, die Wissenschaft und die Weisheit gehören zum Bestand der theoretischen Wissensformen, wie Aristoteles auch zu Anfang der »Metaphysik« andeutet (Met. I, 1 982 a 1–3). Dazu kommentiert Thomas (Nr. 35, ed. Spiazzi): die ersten Anfänge und die ersten Gründe seien Gegenstand der Weisheit.

Mit dem Rückgang auf Aristoteles sind wir mitten in eine Welt versetzt, die sich intensiv mit dem Problem der Weisheit beschäftigte. Sokrates betonte, und in seinem Gefolge Platon, daß die Götter Weise seien und die Menschen höchstens Liebhaber der Weisheit.

Vergleicht man den griechisch-abendländischen Begriff der Weisheit und den alttestamentlichen, wird man feststellen, daß mit »weise« hier und dort etwas anderes gemeint ist. Leo Baeck

(Die Lehren des Judentums. 1. Bd. 3. Aufl. Leipzig 1928, S. 40) hat das folgendermaßen ausgedrückt: »Weise ist, wer in den Wegen Gottes wandelt, wer das Gute tut, so wiederholt es im Judentum die Überzeugung aller Jahrhunderte ... Religion und Leben werden damit aufs innigste verbunden, die Religion, welche bewiesen werden soll durch das Leben, das Leben, welches erfüllt werden soll durch die Religion. Diese wird zum Ende hingeführt, jenes zu göttlichem Inhalt erhöht. Dem Zwiespalt zwischen Glauben und Tun ist damit der Platz genommen: keine Frömmigkeit gibt es als die, welche durch die Lebensführung bewährt wird; keine Lebensführung kann gelten als die, in welcher sich die Religion verwirklicht.«

Nun ist die Weisheit bei den Griechen nicht immer so verstanden worden wie bei Aristoteles, und die Entwicklung des Begriffs der Weisheit hat in den späten Büchern des Alten Testaments verschlungene Wege genommen. Es ist nicht unsere Aufgabe, das hier im einzelnen auszuführen. Die frühen Weisheitsbücher in Israel gleichen in ihren Anschauungen noch sehr denen der Nachbarvölker. Erst allmählich wird aus dem Gegensatz Weisheit – Torheit der Gegensatz Gerechtigkeit – Ungerechtigkeit, Frömmigkeit – Gottlosigkeit. Die Weisheit Gottes – gegenüber der des Menschen – wird in den Werken seiner Schöpfung sichtbar. In dem großen Prolog zu den Sprüchen (1–9) spricht die Weisheit wie eine Person. Sie ist seit Ewigkeit in Gott und wirkt mit ihm bei der Schöpfung zusammen. Die Weisheit nimmt Züge an, die später vom Logos und von dem Menschensohn gelten (vgl. die Einleitung zu den Sapientialbüchern in der Bibel der Ecole Biblique de Jérusalem. Paris 1956, S. 597).

Diese spätjüdische Entwicklung, vereint mit der intensiven Einwirkung der philosophischen Systeme des Griechentums auf das jüdische Denken, führt zu dem schwer durchschaubaren Verhältnis von Logos und Weisheit in den Spekulationen Philons (vgl. dazu Emile Bréhier: Les Idées Philosophiques et Religieuses de Philon d'Alexandrie. Paris 1908, S. 83–121).

Wenn man bedenkt, daß griechische Weisheit in Kleinasien beginnt, daß die Sieben Weisen mit den Namen des Kroisos, der Hauptstadt Sardes und mit dem König Kyros verbunden sind, der die Juden aus der Babylonischen Gefangenschaft entließ, 122 daß es zwischen den griechischen Städten Kleinasiens und

Palästina gewiß mannigfache Beziehungen des Nehmens und Gebens gegeben hat, sollte man bei allem Betonen der Unterschiede, die sich auch im Begriff der Weisheit zwischen Altem Testament und Griechentum bemerkbar machen, den Graben nicht so tief ziehen, daß die Möglichkeiten der Verträglichkeit vollständig verschwinden (zum Weisheitsbegriff im Alten Testament vgl. Johannes Fichtner: Gottes Weisheit. Stuttgart 1965; Gerhard von Rad: Weisheit in Israel. Neukirchen 1970; Diethelm Michel: Von Gott, der im Himmel ist [Reden von Gott bei Cohelet]. Vorlesung, gehalten am 25. 10. 72 anläßlich der öffentlichen Übernahme des Rektorats der Kirchlichen Hochschule Berlin; zu den Sieben Weisen vgl. Bruno Snell: Leben und Meinungen der Sieben Weisen. München 1938).

Mögen für Thomas Weisheit und Klugheit unterschieden sein, so stehen sie doch wieder in Analogie zueinander. Gottes Weisheit regiert diese Welt wie der politisch Verantwortliche ein Volk, wie die Klugheit des einzelnen sein eigenes Leben. Eine elementare, instinktive Klugheit läßt sich bereits bei jenen Lebewesen beobachten, die sich bewegen, die also auf Gedächtnis angewiesen sind. Diese elementare Klugheit bei Tieren erhebt sich bei jenen Lebewesen auf eine neue Stufe, die Gehör haben und damit lernfähig sind. Die Formen und Vorformen kreatürlicher Klugheit sind Bilder, die göttliche Weisheit verständlich machen (vgl. dazu den Kommentar des hl. Thomas zum 1. Kapitel des ersten Buches der »Metaphysik«).

Beilage zum Problem der Analogie und Eindeutigkeit des Seinsbegriffs

Thomas von Aquin

De veritate II, 11 c. a.

Respondeo dicendum quod impossibile est aliquid univoce praedicari de creatura et Deo; in omnibus enim univocis communis est ratio nominis utrique eorum de quibus nomen univoce praedicatur; et sic quantum ad illius nominis rationem univoca in aliquo aequalia sunt, quamvis secundum esse unum altero possit esse prius vel posterius; sicut in ratione numeri omnes numeri sunt aequales, quamvis secundum nomen rei unus altero prior sit. Creatura autem quantumcumque imitetur Deum, non potest pertingere ad hoc ut eadem ratione aliquid sibi conveniat et Deo; illa enim quae secundum eamdem rationem sunt in diversis, sunt eis communia secundum rationem substantiae sive quidditatis, sed sunt distincta secundum esse. Quidquid autem est in Deo, hoc est suum proprium esse; sicut enim essentia in eo est idem quod esse, ita scientia idem est quod scientem esse in eo; unde cum esse quod est proprium unius rei non possit alteri communicari, impossibile est quod creatura pertingat ad eamdem rationem habendi aliquid quod habet Deus; sicut impossibile est quod ad idem esse perveniat. Similiter etiam in nobis esset; si enim in Petro non differret homo et hominem esse, impossibile esset quod homo univoce diceretur de Petro et Paulo, quibus est esse diversum; nec tamen potest dici quod omnino aequivoce praedicetur quidquid de Deo et creatura dicitur; quia si non esset aliqua convenientia creaturae ad Deum secundum rem, sua essentia non esset creaturarum similitudo; et ita cognoscendo essentiam suam non cognosceret creaturas. Similiter etiam nec nos ex rebus creatis in cognitionem Dei pervenire possemus; nec nominum quae creaturis aptantur, unum magis de eo dicendum esset quam aliud; quia ex aequivocis non differt quodcumque nomen imponatur, ex quo nulla rei convenientia attenditur.

Unde dicendum est quod nec omnino univoce, nec pure aequivoce, nomen scientiae de scientia Dei et nostra praedicatur; sed secundum analogiam; quod nihil est aliud dictu quam secundum proportionem. Convenientia enim secundum proportionem potest esse duplex; et secundum hoc duplex attenditur analogiae communitas. Est enim quaedam convenientia inter ipsa quorum est ad invicem proportio, eo quod habent determinatam distantiam, vel aliam habitudinem ad invicem, sicut binarius cum unitate, eo quod est eius duplum; convenientia etiam quandoque attenditur duorum ad invicem inter quae non sit proportio, sed similitudo duarum ad invicem proportionum; sicut senarius convenit cum quaternario ex hoc quod sicut senarius est duplum ternarii, ita quaternarius binarii. Prima ergo convenientia est proportionis, secunda autem proportionalitatis; unde et secundum modum primae convenientiae invenimus aliquid analogice dictum de duobus quorum unum ad alterum habitudinem habet; sicut ens dicitur de substantia et accidente ex habitudine quam substantia et accidens habent; et sanum dicitur de urina et animali, ex eo quod urina habet aliquam similitudinem ad sanitatem animalis. Quandoque vero dicitur aliquid analogice secundo modo convenientiae; sicut nomen visus dicitur de visu corporali et intellectu, eo quod sicut visus est in oculo, ita intellectus est in mente. Quia ergo in his quae primo modo analogice dicuntur, oportet esse aliquam determinatam habitudinem inter ea quibus est aliquid per analogiam commune, impossibile est aliquid per hunc modum analogiae dici de Deo et creatura; quia nulla creatura habet talem habitudinem ad Deum per quam possit divina perfectio determinari. Sed in alio modo analogiae nulla determinata habitudo attenditur inter ea quibus est aliquid per analogiam commune; et ideo secundum illum modum nihil prohibet aliquod nomen analogice dici de Deo et creatura. Sed tamen hoc dupliciter contingit: quandoque enim illud nomen importat aliquid ex principali significatione, in quo non potest attendi convenientia inter Deum et creaturam, etiam modo praedicto; sicut est in omnibus quae symbolice de Deo dicuntur, ut cum dicitur leo, vel sol, vel aliquid huiusmodi; quia in horum definitione cadit materia, quae Deo attribui non potest: quandoque vero nomen quod de Deo et creatura dicitur, nihil importat ex principali significato secundum quod non possit attendi praedictus convenientiae modus inter creaturam et Deum; sicut sunt omnia in quorum definitione non clauditur defectus, nec dependent a materia secundum esse, ut ens, bonum, et alia huiusmodi.

Summa Theologica I, 13, 5. c. a.

Respondeo dicendum quod impossibile est aliquid praedicari de Deo et creaturis univoce. Quia omnis effectus non adaequans virtutem causae agentis, recipit similitudinem agentis non secundum eandem rationem, sed deficienter: ita ut quod divisum et multiplex est in effectibus, in causa est simplex et eodem modo; sicut sol secundum unam virtutem multiformes et varias formas in istis inferioribus producit. Eodem modo ut supra dictum est, omnes rerum perfectiones, quae sunt in rebus creatis divisim et multipliciter, in Deo praeexistunt unite ... Sed nec etiam pure aequivoce, ut aliqui dixerunt. Quia secundum hoc, ex creaturis nihil posset cognosci de Deo, nec demonstrari; sed semper incideret fallacia aequivocationis. Et hoc est tam contra Philosophos, qui multa de Deo demonstrative probant, quam etiam contra Apostolum dicentem, Rom. 1: »Invisibilia Dei per ea quae facta sunt, intellecta, conspiciuntur.«
Dicendum ergo quod huiusmodi nomina dicuntur de Deo et creaturis secundum analogiam, idest proportionem. Quod quidem dupliciter contingit in nominibus: vel quia multa habent proportionem ad unum, sicut sanum dicitur de medicina et urina, inquantum utrumque habet proportionem et ordinem ad sanitatem animalis, cuius hoc quidem est signum, illud vero causa; vel ex eo quod unum habet proportionem ad alterum, sicut sanum dicitur de medicina et animali, inquantum medicina est causa sanitatis quae est in animali.
Et hoc modo aliqua dicuntur de Deo et creaturis analogice, et non aequivoce pure, nec univoce. Non enim possumus nominare Deum nisi ex creaturis, ut supra dictum est. Et sic, hoc quod dicitur de Deo et creaturis, dicitur

secundum quod est aliquis ordo creaturae ad Deum, ut ad principium et causam, in qua praeexistunt excellenter omnes rerum perfectiones. – Et ita iste modus communitatis medius est inter puram aequivocationem et simplicem univocationem. Neque enim in iis quae analogice dicuntur, est una ratio, sicut in univocis, nec totaliter diversa, sicut in aequivocis; sed nomen quod sic multipliciter dicitur, significat proportiones diversas ad aliquid unum; sicut sanum, de urina dictum, significat signum sanitatis, de medicina vero dictum, significat causam eiusdem sanitatis.

In duodecim libros Metaphysicorum Aristotelis. Ed. Spiazzi. Turin 1950, n. 879, S. 236.

Proportione vero vel analogia sunt unum quaecumque in hoc conveniunt, quod hoc se habet ad illud sicut aliud ad aliud. Et hoc quidem potest accipi duobus modis, vel in eo quod aliqua duo habent diversas habitudines ad unum; sicut sanativum de urina dictum habitudinem significat signi sanitatis; de medicina vero, quia significat habitudinem causae respectu eiusdem. Vel in eo quod est eadem proportio duorum ad diversa, sicut tranquillitatis ad mare et serenitatis ad aerem. Tranquillitas enim est quies maris et serenitas aeris.

Summa Theologica I, 2, 3 c. a.

Quarta via sumitur ex gradibus qui in rebus inveniuntur. Invenitur enim in rebus aliquid magis et minus bonum, et verum, et nobile: et sic de aliis huiusmodi. Sed magis et minus dicuntur de diversis secundum quod appropinquant diversimode ad aliquid quod maxime est: sicut magis calidum est, quod magis appropinquat maxime calido. Est igitur aliquid quod est verissimum, et optimum, et nobilissimum, et per consequens maxime ens: nam quae sunt maxime vera, sunt maxime entia, ut dicitur 2 Metaph. (1, cap. 1). Quod autem dicitur maxime tale in aliquo genere, est causa omnium quae sunt illius generis: sicut ignis, qui est maxime calidus, est causa omnium calidorum, ut in eodem libro dicitur (ibid.). Ergo est aliquid quod omnibus entibus est causa esse, et bonitatis, et cuiuslibet perfectionis: et hoc dicimus Deum.

Johannes Duns Scotus

Das abstrakte Ens wird zum Strukturelement, das niemals so für sich besteht, sondern Moment jedes konkret Seienden ist, das aus dem abstrakt Seienden und den hinzukommenden Differenzen besteht.

a) Der Begriff des Seienden ist wie derjenige der letzten Differenz ein schlechthin einfacher, nicht weiter auflösbarer Begriff.

Ord. I, d. 3, p. 1, n. 71:

Loquendo igitur primo de ordine originis, videndum est primo de cognitione actuali, secundo de cognitione habituali. Quantum ad primum, praemitto duo – quorum primum est quod conceptus »simpliciter simplex« est qui non est resolubilis in plures conceptus, ut conceptus entis vel ultimae differentiae. Conceptum vero simplicem sed »non-simpliciter simplicem« voco, quicumque potest concipi ab intellectu actu simplicis intelligentiae, licet posset resolvi in plures conceptus, seorsum conceptibiles.

b) Das Sein wird wesenhaft weder von den letzten Differenzen noch von den allgemeinsten Eigenschaften des Seins ausgesagt.

ibid., n. 131–136:

Quoad primum dico quod ens non est univocum dictum in »quid« de omnibus per se intelligibilibus, quia non de differentiis ultimis, nec de passionibus propriis entis. – »Differentia ultima« dicitur quia non habet differentiam, quia non resolvitur in conceptum quidditativum et qualitativum, determinabilem et determinantem, sed est tantum conceptus eius qualitativus, sicut ultimum genus tantum quidditativum habet conceptum.

Primum, videlicet de differentiis ultimis, dupliciter probo. Primo sic: si differentiae includant ens univoce dictum de eis, et non sunt omnino idem, ergo sunt diversa aliquid-idem entia. Talia sunt proprie differentia, ex V et X Metaphysicae. Ergo differentiae illae ultimae erunt proprie differentes: ergo aliis differentiis differunt. Quod si illae aliae includunt ens quidditative, sequitur de eis sicut de prioribus – et ita esset processus in infinitum in differentiis, vel stabitur ad aliquas non includentes ens quidditative, quod est propositum, quia illae solae erunt ultimae.

Secundo sic: sicut ens compositum componitur ex actu et potentia in re, ita conceptus compositus per se unus componitur ex conceptu potentiali et actuali, sive ex conceptu determinabili et determinante. Sicut ergo resolutio entium compositorum stat ultimo ad simpliciter simplicia, scilicet ad actum ultimum et ad potentiam ultimam, quae sunt primo diversa, ita quod nihil unius includit aliquid alterius alioquin non hoc primo esset actus, nec illud primo esset potentia (quod enim includit aliquid potentialitatis, non est primo actus) – ita oportet in conceptibus omnem conceptum non-simpliciter simplicem, et tamen per se unum, resolvi in conceptum determinabilem et determinantem, ita quod resolutio stet ad conceptus simpliciter simplices, videlicet ad conceptum determinabilem tantum, ita quod nihil determinans includat, et ad conceptum determinantem tantum, qui non includat aliquem conceptum determinabilem. Ille conceptus »tantum determinabilis« est conceptus entis, et »determinans tantum« est conceptus ultimae differentiae. Ergo isti erunt primo diversi, ita quod unum nihil includet alterius.

Secundum, videlicet propositum de passionibus entis, probo dupliciter. Primo sic: passio »per se secundo modo« praedicatur de subiecto, I Posteriorum – ergo subiectum ponitur in definitione passionis sicut additum, ex eodem I, et VII Metaphysicae. Ens ergo in ratione suae passionis cadit ut additum. Habet enim passiones proprias, ut patet per Philosophum IV Metaphysicae cap. 3, ubi vult quod sicut linea in quantum linea habet passiones, et numerus in quantum numerus, ita sunt aliquae passiones entis in quantum ens: sed ens cadit in ratione eorum ut additum – ergo non est »per se primo modo« in ratione quidditativa eorum. – Hoc etiam confirmatur per Philosophum I Posteriorum, »De statu principiorum«, ubi vult quod »praedicationes per se« non convertuntur, quia si praedicatum dicatur de subiecto, per se, non est e converso »per se« sed per accidens. Igitur si ista est per se secundo modo »ens est unum«, haec »unum est ens« non est per se primo modo sed quasi per accidens, sicut ista »risibile est homo«.

Secundo sic: ens videtur sufficienter dividi – tamquam in illa quae includunt ipsum quidditative – in ens increatum et in decem genera, et in partes essentiales decem generum; saltem non videtur habere plura dividentia quidditative, quidquid sit de istis. Igitur si »unum« vel »verum« includant quidditative ens, continebitur sub aliquo istorum. Sed non est aliquod decem generum, patet – nec ex se est ens increatum, quia convenit entibus creatis; igitur esset species in aliquo genere vel principium essentiale alicuius generis: sed hoc est falsum, quia omnis pars essentialis in quocumque genere, et omnes species cuiuscumque generis, includunt limitationem, et ita quodcumque transcendens esset de se finitum, et per consequens repugnaret enti infinito, nec posset dici de ipso formaliter, quod est falsum, quia omnia transcendentia dicunt »perfectiones simpliciter« et conveniunt Deo in summo.

Tertio argui potest (et in hoc confirmatur prima ratio ad istam conclusionem), quia si »unum« includit ens quidditative, non includit praecise ens, quia tunc illud ens esset passio sui ipsius; ergo includit ens et aliquid aliud. Sit illud A: aut igitur A includit ens, aut non. Si sic, »unum« bis includeret ens, et esset processus in infinitum – vel ubicumque stabitur, illud ultimum quod est de ratione »unius« et non includit ens vocetur A. »Unum« ratione entis inclusi non est passio, quia idem non est passio sui – et per consequens illud aliud inclusum quod est A est primo passio, et est tale quod non includit ens quidditative; et ita quidquid est primo passio entis, ex hoc non includit ens quidditative.

c) Der Begriff des Seienden ist kein Gattungsbegriff.
Ord. I, d. 8, n. 103:
... genus sumitur ab aliqua realitate quae secundum se est potentialis ad realitatem a qua accipitur differentia; nullum infinitum est potentiale ad aliquid, ut patet ex dictis in quaestione praecedente. Probatio ista stat in compositione speciei et potentialitate generis, sed utraque removetur a Deo, propter infinitatem.

ibid., n. 106:
... in aliquibus creaturis genus et differentia accipiuntur ab alia et alia realitate (sicut ponendo plures formas in homine, animal accipitur a sensitiva et rationale ab intellectiva), et tunc illa res, a qua accipitur genus, vere est potentialis et perfectibilis ab illa re a qua accipitur differentia. Aliquando, quando non sunt ibi res et res (sicut in accidentibus), saltem in una re est aliqua propria realitas a qua sumitur genus et alia realitas a qua sumitur differentia; dicatur prima a et secunda b: a secundum se est potentiale ad b, ita quod praecise intelligendo a et praecise intelligendo b, a ut intelligitur in primo instanti naturae – in quo praecise est ipsum – ipsum est perfectibile per b (sicut si res esset alia), sed quod non perficitur realiter per b, hoc est propter identitatem a et b ad aliquod totum, cui realiter primo sunt eadem, quod quidem totum primo producitur et in ipso toto ambae istae realitates producuntur; si tamen altera istarum sine altera produceretur, vere esset potentialis ad eam et vere esset imperfecta sine illa.

Ista compositio realitatum – potentialis et actualis – minima est, quae sufficit ad rationem generis et differentiae, et ista non stat cum hoc quod quaelibet realitas in aliquo sit infinita: realitas enim si esset de se infinita, quantumcumque praecise sumpta, non esset in potentia ad aliquam realitatem; ergo cum in Deo quaecumque realitas essentialis sit formaliter infinita, nulla est a qua formaliter possit accipi ratio generis.

d) Beweise für die Eindeutigkeit des Seins
Ord. I, d. 3, n. 27:

Et univocationem sic intellectam probo quintupliciter. Primo sic: omnis intellectus, certus de uno conceptu et dubius de diversis, habet conceptum de quo est certus alium a conceptibus de quibus est dubius; subiectum includit praedicatum. Sed intellectus viatoris potest esse certus de Deo quod sit ens, dubitando de ente finito vel infinito, creato vel increato; ergo conceptus entis de Deo est alius a conceptu isto et illo, et ita neuter ex se et in utroque illorum includitur; igitur univocus.

n. 35: Secundo principaliter arguo sic: nullus conceptus realis causatur in intellectu viatoris naturaliter nisi ab his quae sunt naturaliter motiva intellectus nostri; sed illa sunt phantasma, vel obiectum relucens in phantasmate, et intellectus agens; ergo nullus conceptus simplex naturaliter fit in intellectu nostro modo nisi qui potest fieri virtute istorum. Sed conceptus qui non esset univocus obiecto relucenti in phantasmate, sed omnino alius, prior, ad quem ille habeat analogiam, non potest fieri virtute intellectus agentis et phantasmatis; ergo talis conceptus alius, analogus qui ponitur, naturaliter in intellectu viatoris numquam erit – et ita non poterit haberi naturaliter aliquis conceptus de Deo, quod est falsum.

n. 36: Tertio arguitur sic: conceptus proprius alicuius subiecti est sufficiens ratio concludendi de illo subiecto omnia conceptibilia quae sibi necessario insunt; nullum autem conceptum habemus de Deo per quem sufficienter possimus cognoscere omnia concepta a nobis quae necessario sibi insunt – patet de Trinitate et aliis creditis necessariis; ergo etc.

n. 38: Item quarto, potest sic argui: aut aliqua »perfectio simpliciter« habet rationem communem Deo et creaturae, et habetur propositum, aut non sed tantum propriam creaturae, et tunc ratio eius non conveniet formaliter Deo, quod est inconveniens; aut habet rationem omnino propriam Deo, et tunc sequitur quod nihil attribuendum est Deo, quia est »perfectio simpliciter«, nam hoc nihil est aliud dicere nisi quod quia ratio eius ut convenit Deo dicit »perfectionem simpliciter«, ideo ipsum ponitur in Deo: et ita peribit doctrina Anselmi Monologion, ubi vult quod »praetermissis relationibus, in omnibus aliis quidquid est simpliciter melius ipsum quam non ipsum attribuendum est Deo, sicut quodcumque non tale est amovendum ab ipso«. Primo ergo, secundum ipsum, aliquid cognoscitur esse tale, et secundo attribuitur Deo; ergo non est tale praecise ut in Deo. – Hoc etiam confirmatur, quia tunc nulla »perfectio simpliciter« esset in creatura; consequentia patet, quia nullius talis perfectionis etiam conceptus aliquis convenit creaturae nisi conceptus analogicus (ex hypothesi) – talis secundum se, quia analogicus est imperfectus – et in nullo est eius ratio melior non ipso, quia alias secundum illam rationem analogicam poneretur in Deo. Ergo omnis inquisitio de Deo supponit intellectum habere conceptum eundem, univocum, quem accepit ex creaturis.

n. 39: Confirmatur etiam haec quarta ratio sic: omnis inquisitio metaphysica de Deo sic procedit, considerando formalem rationem alicuius et auferendo ab illa ratione formali imperfectionem quam habet in creaturis, et reservando illam rationem formalem et attribuendo sibi omnino summam perfectionem, et sic attribuendo illud Deo.

(zitiert nach der Editio vaticana)

Franz Suárez

Suárez legt die traditionelle Unterscheidung von conceptus formalis und conceptus obiectivus zugrunde.

Disp. metaph. II, sect. 1, n. 1:
Supponenda imprimis est vulgaris distinctio conceptus formalis et obiectivi; conceptus formalis dicitur actus ipse, seu (quod idem est) verbum quo intellectus rem aliquam seu communem rationem concipit... Conceptus obiectivus dicitur res illa, vel ratio, quae proprie et immediate per conceptum formalem cognoscitur seu repraesentatur...

Der Formalbegriff des Seienden ist sachlich und gedanklich geschieden von den Formalbegriffen anderer Dinge.
ibid., n. 9: His ergo distinctionibus praetermissis, dicendum est, conceptum formalem proprium et adaequatum entis ut sic, esse unum, re et ratione praecisum ab aliis conceptibus formalibus aliarum rerum et obiectorum.

Ihm entspricht ein einziger objektiver Begriff des Seienden, der Substanz und Akzidens, Gott und Welt, nicht ausdrücklich bezeichnet.
ibid., sect. 2, n. 8: Dico ergo primo, conceptui formali entis respondere unum conceptum obiectivum adaequatum, et immediatum, qui expresse non dicit substantiam, neque accidens, neque Deum, nec creaturam, sed haec omnia per modum unius, scilicet quatenus sunt inter se aliquo modo similia, et conveniunt in essendo.

Dieser objektive Begriff des Seienden ist gedanklich, nicht aber aus der Natur der Sache von den besonderen Begriffen geschieden.
ibid., n. 15: Dico secundo: hic conceptus obiectivus est secundum rationem praecisus ab omnibus particularibus, seu membris dividentibus ens, etiam si sint maxime simplices entitates.
ibid., sect. 3, n. 7: Nihilominus dicendum est, conceptum entis obiectivum prout in re ipsa existit, non esse aliquid ex natura rei distinctum ac praecisum ab inferioribus in quibus existit.

Die Zusammenziehung des Objektivbegriffes des Seienden geschieht nicht durch Zusammensetzung, sondern durch ausdrücklicheres und bestimmteres Begreifen des unter ihm Begriffenen.
ibid., sect. 6, n. 7: Quarta igitur opinio, et quae mihi probatur, est, hanc contractionem seu determinationem conceptus obiectivi entis ad inferiora non esse intelligendam per modum compositionis, sed solum per modum expressioris conceptionis alicuius entis contenti sub ente; ita ut uterque conceptus, tam entis quam substantiae, verbi gratia, simplex sit, et irresolubilis in duos conceptus, solumque differant, quia unus est magis determinatus quam alius. Quod in ordine ad conceptus formales recte explicatur; differunt enim solum quia per unum expressius concipitur res, prout est in se, quam per alium, quo solum confuse concipitur, et praecise secundum aliquam convenientiam cum aliis rebus; hoc autem totum fieri potest sine propria compositione per solam cognitionem confusam vel distinctam, praecisam vel determinatam... Potest etiam intelligi ille conceptus superior includi in inferiori sine propria compositione inferioris; quia totum id, quod confuse concipitur in illo conceptu praeciso, reperitur in alio obiecto expressius concepto, et in toto illo, quacunque ratione consideretur. Ac denique intelligitur determinatio superioris ad inferius, et additio inferioris ad superius, non quasi per additionem partis ad partem,

sed per solam maiorem determinationem, vel expressionem, aut confusionem eiusdem rei in ordine ad diversos conceptus mentis.

In der thomistischen Schule herrscht keine Einmütigkeit über das Verhältnis des Formalbegriffs des Seienden zu den ihm entsprechenden Objektivbegriffen. ibid., sect. 2, n. 4: ... Non conveniunt autem praedicti auctores in explicando conceptum, vel potius conceptus obiectivos qui enti correspondent. Quidam enim aiunt, immediate repraesentari per conceptum formalem entis omnia genera entium, quatenus inter se habent aliquam propositionem vel habitudinem, ut Ferrariensis. Et idem sentit Caietanus. Alii vero dicunt, per conceptum formalem entis immediate repraesentari hoc disiunctum »substantia vel accidens«, ut Soncinas, Hervaeus, et alii. Rursus alii dicunt repraesentari absolute omnia genera, seu rationes, vel conceptus simplices, non copulative, nec disiunctive, vel simpliciter, ut Fonseca, 4 Metaph., c. 2, q. 2, sect. 4 et 7.

Das Seiende hat keine von ihm aus der Natur der Sache unterschiedenen Eigenschaften.
Disp. III, sect. 1, n. 8: His positis, dico primo ens ut ens non posse habere veras et omnino reales passiones positivas ex natura rei ab ipso distinctas.

Die Eigenschaften des Seienden fügen ihm nicht etwas Reales hinzu, sondern nur entweder eine Negation oder eine äußerliche Benennung.
ibid., n. 11: Dico tertio: haec attributa entis de formali addunt vel negationem, vel denominationem sumptam per habitudinem ad aliquid extrinsecum; per ea tamen explicatur realis positiva perfectio entis, non secundum aliquid reale superadditum ipsi enti, sed secundum ipsamet formalem seu essentialem rationem entis.

Die dem Scotismus nahestehende Auffassung von Suárez, daß auch der Objektivbegriff des Seienden wenigstens gedanklich absieht von Substanz und Akzidens, hat durch das »Compendium Metaphysicae« von Daniel Stahl auf den jungen Leibniz gewirkt. Für Stahl ist das Seiende als Seiendes deswegen nicht das angemessene Subjekt der Metaphysik, weil es von Substanz und Akzidens abgezogen ist.
Leibniz, Akademieausg., 6. Reihe, Bd. 1, S. 38:
Si subiectum Metaphysicae adaequatum est Ens quatenus Ens, aut est subiectum adaequatum tantum secundum communissimam rationem entis, aut tantum secundum rationes speciales, excluso conceptu communi; aut secundum conceptum universalissimum et speciales simul, easque vel omnes vel quasdam. Sed Ens quatenus Ens secundum rationem universalissimam Entis non potest esse subiectum adaequatum Metaphysicae. Ratio est, quia in Metaphysicis consideratur etiam quid sit substantia et quidem sub ratione substantiae. Ratio universalissima autem Entis est abstracta a substantia et accidente. Quoniam ergo Metaphysica agit etiam de ratione substantiae, ideo Ens quatenus Ens, tantum secundum rationem communissimam Entis, non potest esse subiectum adaequatum ...

Text aus Louis Couturat: Opuscules et fragments inédits de Leibniz. Paris 1903, S. 533–535 u. 13–14.

Résumé de métaphysique, S. 533–535, Phil., VIII, 100–101

1. Ratio est in Natura, cur aliquid potius existat quam nihil. Id consequens est magni illius principii, quod nihil fit sine ratione ⟨quemadmodum etiam cur hoc potius existat quam aliud rationem esse oportet.⟩

2. Ea ratio debet esse in aliquo Ente Reali, seu causa. Nihil aliud enim causa est, quam realis ratio; neque veritates possibilitatum et necessitatum (seu negatarum in opposito possibilitatum) aliquid efficerent nisi possibilitates fundarentur in ⟨re⟩ actu existente.

3. Hoc autem Ens oportet necessarium esse, alioqui causa rursus extra ipsum quaerenda esset cur ⟨ipsum⟩ existat potius quam non existat, contra Hypothesin. ⟨Est scilicet Ens illud ultima ratio Rerum, et uno vocabulo solet appellari DEUS.⟩

4. Est ergo causa cur Existentia praevaleat non-Existentiae, seu Ens necessarium est EXISTENTIFICANS.

5. Sed quae causa facit ut aliquid existat, seu ut possibilitas exigat existentiam, facit etiam ut omne possibile habeat conatum ad Existentiam, cum ratio restrictionis ad certa possibilia in universali reperiri non possit.

6. Itaque dici potest Omne possibile EXISTITURIRE, prout scilicet fundatur in Ente necessario actu existente, sine quo nulla est via qua possibile perveniret ad actum.

7. Verum hinc non sequitur omnia possibilia existere: sequeretur sane si omnia possibilia essent compossibilia.

8. Sed quia alia aliis incompatibilia sunt, sequitur quaedam possibilia non pervenire ad existendum, suntque alia aliis incompatibilia, non tantum respectu eiusdem temporis, sed et in universum, quia in praesentibus futura involvuntur.

9. Interim ex conflictu omnium possibilium existentiam exigentium hoc saltem sequitur, ut existat ea rerum series, per quam plurimum existit, seu series omnium possibilium maxima.

10. Haec etiam Series sola est determinata, ut ex lineis recta, ex angulis rectus, ex figuris maxime capax, nempe circulus vel sphaera. Et uti videmus liquida sponte naturae colligi in guttas sphaericas, ita in natura ⟨universi⟩ series maxime capax existit.

11. Existit ergo perfectissimum, cum nihil aliud perfectio sit, quam quantitas realitatis.

12. Porro perfectio non in sola materia collocanda est, seu in replente tempus et spatium, cuius quocunque modo eadem fuisset quantitas, sed in forma seu varietate.

13. Unde iam consequitur materiam non ubique sibi similem esse, sed per formas reddi dissimilarem, alioqui non tantum obtineretur varietatis quantum posset. Ut taceam quod alibi demonstravi, nulla alioqui diversa phaenomena esse extitura.

14. Sequitur etiam eam praevaluisse seriem, per quam plurimum oriretur distinctae cogitabilitatis.

15. Porro distincta cogitabilitas dat ordinem rei et pulchritudinem cogitanti. Est enim ordo nihil aliud quam relatio plurium distinctiva. Et confusio est, cum plura quidem adsunt, sed non est ratio quodvis a quovis distinguendi.

16. Hinc tolluntur atomi, et in universum corpora in quibus nulla est ratio quamvis partem distinguendi a quavis.
17. Sequiturque in universum, Mundum esse Κόσμον, plenum ornatus; seu ita factum ut maxime satisfaciat intelligenti.
18. Voluptas enim intelligentis nihil aliud est quam perceptio pulchritudinis, ordinis, perfectionis. Et omnis dolor continet aliquid inordinati sed respective ⟨ad percipientem⟩, cum absolute omnia sint ordinata.
19. Itaque cum nobis aliqua displicent in serie rerum, id oritur ex defectu intellectionis. Neque enim possibile est, ut omnis Mens omnia distincte intelligat; et partes tantum alias prae aliis observantibus, non potest apparere Harmonia in toto.
20. Ex his consequens est in Universo etiam iustitiam observari, cum iustitia nihil aliud sit, quam ordo seu perfectio circa Mentes.
21. Et Mentium maxima habetur ratio, quia per ipsas quam maxima varietas in quam minimo spatio obtinetur.
22. Et dici potest Mentes esse primarias Mundi unitates, proximaque simulacra Entis primi, quia distincte percipiunt necessarias veritates, id est rationes quae movere Ens primum, et universum formare debuerunt.
23. Prima etiam causa summae est Bonitatis, nam dum quantum plurimum perfectionis producit in rebus, simul etiam quantum plurimum voluptatis mentibus largitur, cum voluptas consistat in perceptione perceptionis (sic! für: perfectionis).
24. Usque adeo, ut mala ipsa serviant ad maius bonum, et quod dolores reperiuntur in Mentibus, necesse sit proficere ad maiores voluptates.

Conséquences métaphysiques du principe de raison, S. 13–14 (Phil., I, 15).

7. Porro creaturae omnes sunt vel substantiales vel accidentales. Substantiales sunt vel substantiae vel substantiata. Substantiata appello aggregata substantiarum, velut exercitum hominum, gregem ovium ⟨et talia sunt omnia corpora⟩. Substantia est vel simplex ut anima, quae nullas habet partes, vel composita ut animal, quod constat ex anima et corpore organico. – Quia autem corpus organicum ut omne aliud non nisi aggregatum est ex animalibus vel aliis viventibus adeoque organicis, vel denique ex ruderibus seu massis, sed quae et ipsae tandem in viventia resolvuntur; hinc patet omnia tandem corpora resolvi in viventia. Et ultimum esse in substantiarum analysi esse substantias simplices, nempe animas vel, si generalius vocabulum malis, MONADES, quae partibus carent. Etsi enim omnis substantia simplex habeat corpus organicum sibi respondens, alioqui ordinem in universo caeteris ullo modo latum non haberet nec ordinate agere patique posset; ipsa tamen per se est partium expers. Et quia corpus organicum aut aliud corpus quodvis rursus in substantias corporibus organicis praeditas resolvi potest; patet non nisi in substantiis simplicibus sisti, et in iis esse rerum omnium modificationumque rebus venientium fontes.
8. Quia autem modificationes variant et quicquid fons variationum est, id revera est activum, ideo dicendum est substantias simplices esse activas seu actionem fontes, et in se ipsis parere seriem quandam variationum internarum. Et quia nulla est ratio qua una substantia simplex in aliam influere possit; sequitur omnem substantiam simplicem ⟨esse spontaneam seu⟩ esse unum et solum modificationum suarum fontem. Et cum eius natura consistat in perceptione et appetitu, manifestum est 133

eam esse in unaquaque anima seriem appetituum et perceptionum, per quam a fine ad media, a perceptione unius ad perceptionem alterius obiecti ducatur. Atque adeo animam non nisi a causa universali seu a Deo pendere, per quem, ut omnia, perpetuo est et conservatur; caetera vero ex sua natura habere.

ANALOGIA

proportionalitatis

metaphorica

cum distantia determinata (cf. De veritate, q. 2, art. 11)

$$\frac{\text{Leo}}{\text{animalia}} = \frac{\text{rex}}{\text{homines}}$$

$$\frac{\text{Deus}}{\text{punitionem}} = \frac{\text{homo iratus}}{\text{punitionem}}$$

propria

sine distantia determinata

in creatis

$$\text{substantia creata} = \text{accidens creatum} \quad \text{proportionat suum esse}$$

$$\frac{\text{intellectio}}{\text{intelligibile}} = \frac{\text{sensatio}}{\text{sensibile}} \quad \text{ut cognitiones}$$

$$\frac{\text{amor sensibilis}}{\text{bonum sensibile}} = \frac{\text{amor rationalis}}{\text{bonum rationale}} \quad \text{ut amores}$$

inter Deum et creaturam

$$\frac{\text{Deus}}{\text{suum esse}} = \frac{\text{creatura}}{\text{suum esse}}$$

proportionis vel attributionis

pure extrinsecae

plurium ad unum

$$\left.\begin{array}{l}\text{medicina} \\ \text{color}\end{array}\right\rangle \text{ad sanitatem animalis}$$

unius ad alterum: medicina — ad sanitatem animalis

non pure extrinsecae

plurium ad unum

$$\left.\begin{array}{l}\text{quantitas} \\ \text{qualitas}\end{array}\right\rangle \text{ad substantiam}$$

unius ad alterum

quantitas — ad substantiam

creatura — ad Deum

Tabelle nach Garrigou-Lagrange, Réginald: De revelatione. Paris 1926 (sumptibus P. Lethielleux, Ed.), S. 151.

Hinweise auf einige wichtige Publikationen zum Weiterstudium

Barth, Timotheus: De tribus viis diversis existentiam divinam attingendi. In: Antonianum, 18. Jg. (1943), fasc. 2.

Barth, Timotheus: De Argumentis et Univocationis Entis Natura apud Joannem Duns Scotum. In: Collect. Franciscana, t. XIV (1944), fasc. 1–4.

Boehner, Ph.: Ockham. London–New York 1962.

Cajetanus, Thomas de Vio: Kommentare zu De ente et essentia, ed. de Maria. Paris 1883.

Cajetanus, Thomas de Vio: De nominum analogia; De conceptu entis, ed. P. N. Zammit. Rom 1934.

Chenu, M.-D.: Introduction à l'Étude de St-Thomas d'Aquin. Paris 1950.

Fabro, Cornelio: Participation et Causalité selon Saint-Thomas d'Aquin. Louvain–Paris 1961.

Finance, Joseph de: Être et Agir dans la Philosophie de St-Thomas. Rom 1965.

Frassen, Claudius: Scotus Academicus. Rom 1900.

Garrigou-Lagrange, Réginald: De revelatione. Rom–Paris ²1921.

Garrigou-Lagrange, Réginald: Dieu, Son Existence et sa Nature. Paris ⁶1933.

Geiger, L.: La Participation dans la Philosophie de St-Thomas d'Aquin. Paris ²1953.

Gilson, Étienne: L'Esprit de la Philosophie Médiévale. Paris 1944.

Gilson, Étienne: Le Thomisme. Paris ⁵1945.

Gilson, Étienne: L'Être et l'Essence. Paris 1948.

Gilson, Étienne: Jean Duns Scot. Paris 1952.

Grabmann, Martin: Thomas von Aquin. Eine Einführung. München 1949.

Grabmann, Martin: Die Geschichte der Scholastischen Methode. Berlin 1957.

Gredt, Joseph: Elementa Philosophiae Aristotelico-Thomisticae. Freiburg i. Br. ⁶1932.

Grégoire, A.: Immanence et Transcendance. Bruxelles–Paris 1939.

Grua, Gaston: Jurisprudence Universelle et Théodicée selon Leibniz. Paris 1953.

Manser, G.: Das Wesen des Thomismus. Freiburg (Schweiz) 1935.

Maritain, Jacques: Court traité de l'existence et de l'existant. Paris 1947.

Mastrius de Meldula, Bartholomaeus, und Bellutus, Bonaventura: Philosophiae ad Mentem Scoti Cursus. Venetiis 1678.

Meyer, Hans: Thomas von Aquin. Bonn 1938.

Minges, P.: Joannis Duns Scoti doctrina philosophica et theologica. 2 Bde. Quaracchi 1930.

Ockham, William: Summa logicae, ed. Ph. Boehner. Louvain–Paderborn 1957.

Raeymaeker, L. de: Metaphysica Generalis. Löwen 1935.

Sertillanges, A.: Saint-Thomas d'Aquin. Paris 1925.

Soehngen, Gottlieb: Philosophische Einübung in die Theologie. München 1955.

Woestijne, Zacharias van de: Cursus Philosophicus. Mecheln ²1932.

Namenverzeichnis

Thomas von Aquin, der ständig genannt wird, ist nicht in das Verzeichnis aufgenommen, desgleichen nicht die vielen Thomisten oder Thomasforscher, die auf Seite 31–33 genannt sind.

Sachverzeichnis